Luiz Guilherme Rezende Rodrigues
Sílvia Cristina da Silva

EDUCAÇÃO CIENTÍFICA COM ENFOQUE EM CTSA

Rua Clara Vendramin, 58 . Mossunguê . CEP 81200-170 . Curitiba . PR . Brasil
Fone: (41) 2106-4170
www.intersaberes.com
editora@intersaberes.com

Conselho editorial
Dr. Alexandre Coutinho Pagliarini
Drª Elena Godoy
Dr. Neri dos Santos
Dr. Ulf Gregor Baranow

Editora-chefe
Lindsay Azambuja

Gerente editorial
Ariadne Nunes Wenger

Assistente editorial
Daniela Viroli Pereira Pinto

Edição de texto
Monique Francis Fagundes Gonçalves
Mille Foglie Soluções Editoriais

Capa
Débora Gipiela (*design*)
Martina V e P-fotography/Shutterstock (imagens)

Projeto gráfico
Débora Gipiela (*design*)
Maxim Gaigul/Shutterstock (imagens)

Diagramação
Maiane Gabriele de Araujo

Equipe de *design*
Débora Gipiela
Iná Trigo

Iconografia
Sandra Lopis da Silveira
Regina Claudia Cruz Prestes

Dados Internacionais de Catalogação na Publicação (CIP)
(Câmara Brasileira do Livro, SP, Brasil)

Rodrigues, Luiz Guilherme Rezende
    Educação científica com enfoque em CTSA / Luiz Guilherme Rezende Rodrigues, Sílvia Cristina da Silva. Curitiba : Editora InterSaberes, 2022.

    Bibliografia.
    ISBN 978-65-5517-377-2

    1. Alfabetização 2. Ciência – Estudo e ensino 3. Ensino – Metodologia 4. Escola – Administração e organização 5. Letramento I. Silva, Sílvia Cristina da. II. Título.

21-85662   CDD-507

Índices para catálogo sistemático:
1. Educação científica   507

Cibele Maria Dias – Bibliotecária – CRB-8/9427

1ª edição, 2022.

Foi feito o depósito legal.

Informamos que é de inteira responsabilidade dos autores a emissão de conceitos.

Nenhuma parte desta publicação poderá ser reproduzida por qualquer meio ou forma sem a prévia autorização da Editora InterSaberes.

A violação dos direitos autorais é crime estabelecido na Lei n. 9.610/1998 e punido pelo art. 184 do Código Penal.

Sumário

Apresentação 6
Como aproveitar ao máximo este livro 9

1 Ciência e educação 15
    1.1 Relação entre ciência e educação 17
    1.2 Desenvolvimento da sociedade por meio da ciência 20
    1.3 Contexto do movimento CTSA 40
    1.4 Ideias defendidas pelo movimento CTSA 45
    1.5 Perspectivas do movimento CTSA 48

2 Propostas de ensino 62
    2.1 Propostas de ensino na educação básica 65
    2.2 Propostas de ensino no ensino superior 66
    2.3 Conceitos sociopolíticos do ensino superior 72
    2.4 Valorização da equipe docente 76

3 Organização escolar 85
    3.1 Organização educacional do Brasil ao longo de sua história 88
    3.2 Organização escolar em foco 110
    3.3 Desafios da educação na realidade brasileira 118
    3.4 Método de ensino: construtivismo 129
    3.5 Proposta de ensino humana: pedagogia *Waldorf* 137

4 Uso da CTSA 143

4.1 Breves relatos sobre Paulo Freire 145
4.2 A metodologia Paulo Freire 147
4.3 Histórico do movimento CTSA na educação 149
4.4 Metodologia Paulo Freire e a abordagem CTSA 156
4.5 Utilização da CTSA na educação 163

5 Diferença entre letramento e alfabetização em CTSA 191

5.1 Alfabetização e letramento em CTSA: a linguagem do futuro 195
5.2 Conceito de alfabetização 199
5.3 Conceito de letramento 203
5.4 Diferença entre alfabetização e letramento 206
5.5 Perspectivas para a alfabetização em CTSA 211

6 Processos avaliativos 221

6.1 Considerações gerais sobre processos avaliativos 223
6.2 Critérios e instrumentos avaliativos no ensino superior 231
6.3 Utilização do método CTSA nos processos avaliativos 240
6.4 Práticas cotidianas 248
6.5 Planejamento de atividades 256

Considerações finais 259
Referências 261
Bibliografia comentada 277
Estudos de caso 281
Sobre os autores 290

Apresentação

Para planejar e desenvolver um livro, é necessário um complexo processo de tomada de decisão. Por essa razão, essa atividade representa um posicionamento ideológico e filosófico diante dos temas abordados.
A escolha de incluir determinada perspectiva implica a exclusão de outros assuntos igualmente importantes, em decorrência da impossibilidade de dar conta de todas as ramificações que um tópico pode apresentar.

Nessa direção, a difícil tarefa de organizar um conjunto de conhecimentos sobre determinado objeto de estudo – neste caso, a educação científica com enfoque em CTSA (ciência, tecnologia, sociedade e ambiente) – requer a construção de relações entre conceitos, constructos e práxis, articulando-se saberes de base teórica e empírica. Em outros termos, trata-se de estabelecer uma rede de significados entre saberes, experiências e práticas, assumindo-se que tais conhecimentos se encontram em constante processo de transformação.

Assim, a partir de cada novo olhar, novas associações e novas interações, diferentes interpretações se descortinam e outras ramificações intra e interdisciplinares se estabelecem. Embora desafiadora, a natureza dialética da construção

do conhecimento é o que sustenta o dinamismo do aprender, movendo-nos em direção à ampliação e à revisão dos saberes.

Ao organizarmos este material, vimo-nos diante de uma infinidade de informações que gostaríamos de apresentar aos interessados nesta obra. Fizemos escolhas assumindo o compromisso de auxiliar o leitor na expansão dos conhecimentos sobre a educação científica.

Assim, a primeira decisão foi trazer de forma introdutória todo o contexto do movimento CTSA.

No Capítulo 1, tratamos da relação entre ciência e educação, mostramos como o desenvolvimento da sociedade está relacionado à ciência e delineamos o movimento CTSA, desde seu surgimento, seu desenvolvimento até os dias atuais.

No Capítulo 2, apresentamos as propostas de ensino relacionadas à área CTSA nos diversos níveis educacionais; além disso, expomos algumas propostas para o futuro.

Já no Capítulo 3, comentamos a da organização escolar e seus desafios na realidade brasileira.

No Capítulo 4, tratamos dos usos da CTSA. Citamos o método do Paulo Freire, da abordagem desse método em CTSA e desse método e desenvolvimento sustentável.

Já no Capítulo 5, versamos sobre alfabetização e letramento, mostrando a diferença entre esses conceitos.

Por fim, no Capítulo 6, concentramo-nos nos processos avaliativos desenvolvidos no âmbito do método CTSA. Apontamos critérios e métodos utilizados para esses processos.

A vocês, estudantes, pesquisadores, desejamos excelentes reflexões.

Como aproveitar ao máximo este livro

Empregamos nesta obra recursos que visam enriquecer seu aprendizado, facilitar a compreensão dos conteúdos e tornar a leitura mais dinâmica. Conheça a seguir cada uma dessas ferramentas e saiba como estão distribuídas no decorrer deste livro para bem aproveitá-las.

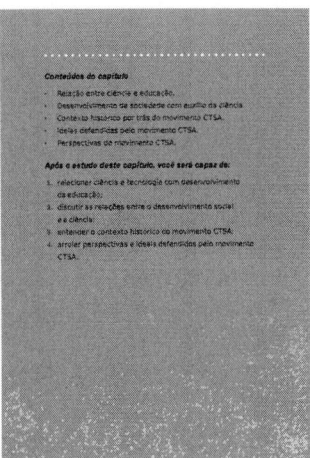

Conteúdos do capítulo
Logo na abertura do capítulo, relacionamos os conteúdos que nele serão abordados.

Após o estudo deste capítulo, você será capaz de:
Antes de iniciarmos nossa abordagem, listamos as habilidades trabalhadas no capítulo e os conhecimentos que você assimilará no decorrer do texto.

Introdução do capítulo
Logo na abertura do capítulo, informamos os temas de estudo e os objetivos de aprendizagem que serão nele abrangidos, fazendo considerações preliminares sobre as temáticas em foco.

Síntese
Ao final de cada capítulo, relacionamos as principais informações nele abordadas a fim de que você avalie as conclusões a que chegou, confirmando-as ou redefinindo-as.

Estudo de caso
Nesta seção, relatamos situações reais ou fictícias que articulam a perspectiva teórica e o contexto prático da área de conhecimento ou do campo profissional em foco com o propósito de levá-lo a analisar tais problemáticas e a buscar soluções.

Para saber mais
Sugerimos a leitura de diferentes conteúdos digitais e impressos para que você aprofunde sua aprendizagem e siga buscando conhecimento.

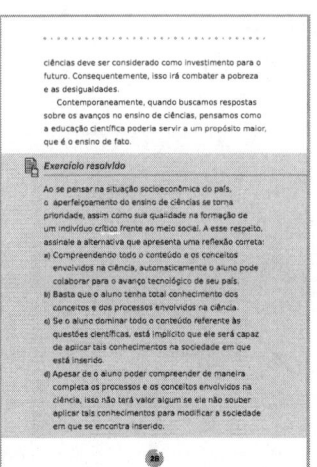

Exercícios resolvidos
Nesta seção, você acompanhará passo a passo a resolução de alguns problemas complexos que envolvem os assuntos trabalhados no capítulo.

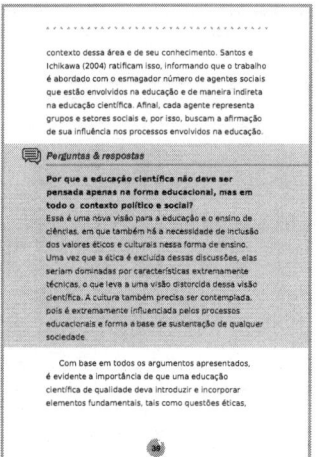

Perguntas & respostas
Nesta seção, respondemos a dúvidas frequentes relacionadas aos conteúdos do capítulo.

O que é?

EaD: Transformada em lugar comum – tendo em vista a constante utilização em razão da necessidade que se instalou por conta da pandemia de Covid-19 – EaD é a sigla para ensino a distância. Ela existe pela necessidade da continuidade de aulas em que os alunos e professores estão separados seja por tempo ou espaço. Para eliminar essa barreira, vias tecnológicas se conectam para manter o processo de ensino e aprendizagem.

Para entender o impacto do ensino a distância e por que ele se tornou tão preponderante na modernidade, é preciso rever o conceito de *modernidade líquida*. Esse termo foi cunhado e disseminado por Zygmunt Bauman ao compreender as relações do mundo moderno em todas as suas esferas: vida social, ética, cultura, relações amorosas etc.

O conceito de *modernidade líquida* perpassa a ideia de que todas as relações são influenciadas por conceitos de volatilidade e fluidez. As relações sólidas, centradas em um ideal de pragmatismo e durabilidade – tanto em termos cronológicos quanto emocionais – já são configuração de relacionamentos passados (Bauman, 2001).

A modernidade líquida se caracteriza pelas seguintes situações:

69

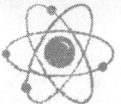

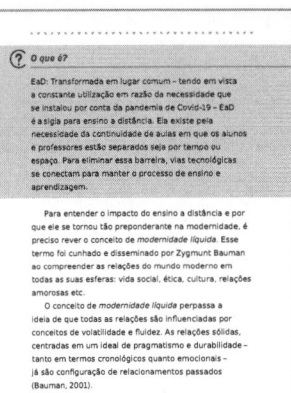

O que é

Nesta seção, destacamos definições e conceitos elementares para a compreensão dos tópicos do capítulo.

Figura 6.14 – Polimerização da garrafa de PET

HO—C(=O)—C₆H₄—C(=O)—OH + HO—CH₂—CH₂—OH → (ácido, calor) PET

Ácido Tereftálico | Etilenglicol

Após a apresentação das informações do processo de composição da garrafa PET, o docente deve levar a turma a refletir sobre os impactos (benefícios e malefícios) do produto na sociedade e no meio ambiente. Sendo assim, o professor poderá mostrar, na prática, com fotos ou com uma visita a um supermercado, por exemplo, os produtos que são acondicionados nas garrafas de PET.

Após essa exposição, o professor deverá fornecer subsídios para a reflexão sobre os impactos na sociedade e no meio ambiente acerca do uso da garrafa de PET. Portanto, convém o educador apresentar, inicialmente, que o tempo de decomposição de uma garrafa de PET é de em média 400 anos e, em seguida, apresentar ou, se possível, visitar um aterro sanitário com o propósito de que o aluno visualize as consequências do uso das garrafas de PET na sociedade.

Exemplificando

No curso de Química da Universidade Estadual do Norte Fluminense Darcy Ribeiro (UENF), localizada na cidade de Campos dos Goytacazes, os alunos confeccionaram

253

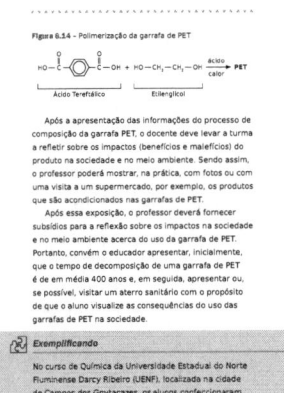

Exemplificando

Disponibilizamos, nesta seção, exemplos para ilustrar conceitos e operações descritos ao longo do capítulo a fim de demonstrar como as noções de análise podem ser aplicadas.

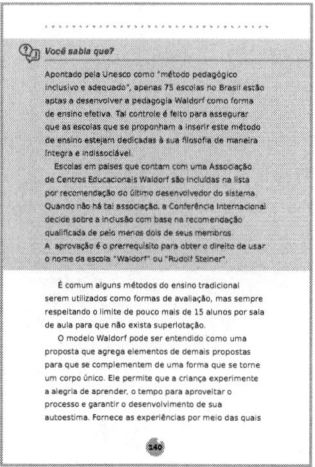

Você sabia que?
Nestes boxes, apresentamos informações complementares e interessantes relacionadas aos assuntos expostos no capítulo.

Bibliografia comentada
Nesta seção, comentamos algumas obras de referência para o estudo dos temas examinados ao longo do livro.

Ciência e educação

1

Conteúdos do capítulo

- Relação entre ciência e educação.
- Desenvolvimento da sociedade com auxílio da ciência.
- Contexto histórico por trás do movimento CTSA.
- Ideias defendidas pelo movimento CTSA.
- Perspectivas do movimento CTSA.

Após o estudo deste capítulo, você será capaz de:

1. relacionar ciência e tecnologia com desenvolvimento da educação;
2. discutir as relações entre o desenvolvimento social e a ciência;
3. entender o contexto histórico do movimento CTSA;
4. arrolar perspectivas e ideais defendidos pelo movimento CTSA.

Aqui vamos trazer as informações necessárias de apoio e orientação no contexto da educação científica com enfoque em CTSA (ciência, tecnologia, sociedade e ambiente). Todas as informações aqui são apresentadas com o intuito de o leitor buscar independência intelectual. É importante entender que, para obter maior eficiência de assimilação do conteúdo, é essencial buscar informações adicionais, que serão sempre destacadas no decorrer dos capítulos.

1.1 Relação entre ciência e educação

O cenário mundial atual é marcado por alta tecnologia, de maneira que celulares de última geração, computadores quânticos, guerra nuclear, sinais digitais e a vacina para o vírus Covid-19 são alguns exemplos que evidenciam esse caráter. A esmagadora maioria dos instrumentos utilizados por nós, assim como todas as atitudes tomadas no contexto socioeconômico, são todos baseados na ciência e na tecnologia.

É a sociedade, por meio de suas necessidades, quem controla, mesmo que de maneira secundária, o desenvolvimento da ciência e principalmente da tecnologia. Termos como *transgênicos*, *conservação ambiental*, *clonagem*, *energia nuclear*, entre outros, são bons exemplos de assuntos altamente discutidos pela sociedade moderna. Outro exemplo importantíssimo são conflitos e tensões criados entre as nações por meio de relações entre ciência e tecnologia, assim como suas relações com a sociedade em que estão inseridas.

As mudanças na ciência e na tecnologia são extremamente importantes para novas maneiras de modelagem das formas de vida, e isso deve ser destacado como um assunto público de grande magnitude.

Todos esses e outros motivos trazem para discussão a importância de se relacionar ciência e tecnologia com a sociedade e o papel de cidadão. Nesse contexto, as interações entre os avanços do conhecimento e a sociedade repercutem sobre a formação do indivíduo e sua cidadania.

As democracias contemporâneas mais avançadas passaram a desenvolver espaços e a dar oportunidades para pessoas totalmente sem conhecimento especializado em assuntos envolvendo ciência e tecnologia de tal maneira que elas possam compreender e expor opiniões sobre as decisões públicas que geram alto impacto sobre o uso cotidiano dessas áreas.

É claro que não podemos deixar de mencionar que todo esse processo ainda não é totalmente utilizado no Brasil, quando comparado a países de outras tradições, como a Inglaterra. Apesar disso, no Brasil, existem algumas iniciativas com a finalidade de direcionar o aproveitamento dessa ferramenta.

No contexto da educação científica, esta se encontra circunscrita por alguns princípios que muitas vezes são incompatíveis entre si. Segundo Quinato (2013), alguns desses princípios são: desenvolvimento de habilidades cognitivas, formação da mão de obra minimamente qualificada, formação da cidadania e preparação para dar continuidade aos estudos a nível superior.

Essas características se tornam cada vez mais necessárias na incansável busca por um melhor desenvolvimento socioeconômico. No contexto de um enfoque de CTSA, o requisito para a formação de um indivíduo na participação democrática passa pelo ensino de ciências.

Assim, um dos objetivos destacados pela educação científica é a preparação dos cidadãos para a participação na sociedade nos processos de validação, formulação, aplicação de decisões nos contextos políticos que envolvam ciência e tecnologia.

No Brasil e em outras democracias, a participação da ciência e da tecnologia na política vem sendo concretizada por meio de consultas públicas realizadas na internet. Tais consultas são oportunidades para a participação pública na construção de políticas e ocorre quando determinado setor do governo cria e submete um documento para consulta *on-line*, o que permite setores específicos ou cidadãos se familiarizarem com as propostas.

Dessa forma, há a contribuição com opiniões, críticas ou sugestões. É importante destacar que, embora essas consultas públicas, referentes a temas relacionados com ciência e tecnologia, sejam realizadas com frequência pelo governo federal, o fator da caracterização e formação para a participação dos instrumentos de democratização na gestão pública permanece em aberto. Isso conduz a várias perguntas, por exemplo: De quais maneiras o ensino poderia contribuir na preparação dos indivíduos para serem capazes de expressar suas visões nas consultas públicas? De que maneira a formação do indivíduo, como cidadão, poderia ser contemplada pelo ensino de ciências? Essas e outras perguntas serão respondidas no decorrer desta obra.

1.2 Desenvolvimento da sociedade por meio da ciência

Desde os tempos mais antigos, é notória a importância da ciência e dos conhecimentos científicos no desenvolvimento da sociedade. Por meio deles e de suas constantes evoluções, várias tecnologias são criadas, em inúmeras áreas, com o intuito de contribuir para o desenvolvimento da sociedade e de melhorar a qualidade de vida dos indivíduos. Apesar desses e de vários outros pontos positivos levantados pelo desenvolvimento científico, existem também consequências negativas para o ambiente e para a sociedade em geral.

Essas consequências geram problemas relacionados à qualidade de vida e às relações de ética existentes entre os seres humanos. Com base nesses fatores surgiu o movimento Ciência – Tecnologia – Sociedade – Ambiente, ou simplesmente CTSA. Esse movimento tem como prioridade a ênfase à dimensão ambiental pelo fato de incorporar questões relacionadas ao ambiente, assim como aos aspectos sociais, tecnológicos, econômicos entre outros.

A relação entre ciência e cidadãos teve início no século XVI. Contudo, somente mais tarde é que a ciência passou a ser incorporada na escola, no século XIX, em alguns países da Europa e nos Estados Unidos.

Já no Brasil, essa preocupação surgiu no século XIX pelo "currículo escolar brasileiro". Este era marcado fortemente pela tradição imposta pelos Jesuítas no processo de colonização. O ensino de ciências foi introduzido no currículo escolar brasileiro a partir da década de 1930, sendo influenciada pelo movimento renovador da Escola Nova e do Manifesto dos Pioneiros.

O movimento social da Escola Nova visa à reformulação do ensino, dos espaços e das relações existentes na escola. A fim de alcançar esse intento, várias estratégias são adotadas para a reorganização social sempre com base em racionalidade científica. Esse movimento se difundiu no contexto brasileiro, o que gerou novos processos de trabalho relacionados à educação (Lemme, 2005).

No movimento da Escola Nova, o Manifesto dos Pioneiros foi um documento elaborado e assinado por mais de cem educadores e intelectuais ligados à educação e às ciências sociais. O objetivo do manifesto era construir planos de reestruturação de áreas como a política e a legislação relativas ao ambiente escolar. É importante destacar que essa reestruturação se deu no nível dos sistemas de ensino e no nível das escolas.

De todos os pontos abordados pelo manifesto no movimento da Escola Nova, alguns são considerados inovadores por apresentarem grande inovação e contribuição. Os pioneiros eram totalmente a favor da educação pública, gratuita, mista, obrigatória e laica. Em outras palavras, o Estado deveria ser o responsável por educar seu povo, oferecendo escola de qualidade e totalmente gratuita, função que até então era responsabilidade da família.

Nesse momento, a grande crítica à educação era por ser um ensino fragmentado e não articulado às demais áreas de conhecimento. Diante dessas situações, surgiu a preocupação com o ensino de ciências e com sua grande importância para formar cidadãos.

Autores como Nardi (2005) e Krasilchik (2009) destacam e discutem as transformações do currículo brasileiro no contexto da Guerra Fria. Como sabemos, essa fase foi marcada pela disputa científica e consequentemente surgiram vários projetos relacionados à formação de novos cientistas.

Na década de 1950, teve início um novo pensamento sobre a universalização do ensino no Brasil, mesmo que ineficiente por falta de condições. Nessa época, também foi criado o Conselho Nacional Científico e Tecnológico (CNPq), além da Coordenação de Aperfeiçoamento Pessoal de Nível Superior (Capes).

A criação desses órgãos deu mais voz e visibilidade para os cientistas, que começaram a ser mais representativos na sociedade. Outro objetivo dos cientistas nessa época era chamar atenção do poder público para o caso educacional. Além disso, começaram a se organizar em universidades e entidades de ensino projetos e ações relacionadas ao ensino de ciências. Isso tudo ocorreu em apoio com o sistema estadual e municipal de ensino (Nardi, 2005; Werthein; Cunha, 2009).

Nessa mesma época, o Brasil se esforçava para focar em atividades visando a uma melhor compreensão de ciências por parte da população. Um bom exemplo foi a criação do *kit* "Os Cientistas", que eram utilizados para experimentos e apresentavam a bibliografia de um investigador. Esses *kits* eram vendidos em bancas de jornal e até hoje são referência como inspiradores de atitudes. Em outras palavras, são vistos como maneiras de realizar análises e estimular o interesse pela carreira científica. A partir da década de 1960 iniciativas voltadas à reestruturação curricular começou a ganhar cada vez mais forças (Krasilchik, 2009).

No contexto mundial, projetos internacionais também propunham a reestruturação curricular, como o projeto de física *Physical Science Study Committee* (PSSC), o de biologia *Biological Science Curriculum Study* (BSSC) e o de química *Chemical Bond Approach* (CBA). Apesar desses movimentos internacionais, houve incompatibilidade desses projetos com a educação brasileira, e isso não gerou os resultados esperados.

Em contrapartida, esses fatores foram positivos para que o país se mobilizasse, por meio dos seus educadores, em uma organização que produzia materiais próprios com intuito de melhorar o ensino de ciências. Dessa organização, surgiu a pesquisa na área de educação em ciências.

Nessa época, o Brasil vivia uma política para a educação, e não para o Estado, como mostram Werthein e Cunha (2009, p. 20): "[...] não correspondeu o poder público, em que pesem iniciativas meritórias que não se sustentaram devido a sucessivas trocas de governo [...], perceber o alcance da educação científica e tecnológica para o desenvolvimento do país".

Assim, a educação sofria mudanças constantes com transições entre governos em todos os níveis – municipais, estaduais e federais: "[...] dada à dimensão do problema e a complexidade dos fatores envolvidos na questão" e por esse motivo, "os resultados positivos alcançados ainda estão longe de mudar o panorama geral da educação" (Roitman, 2009, p. 134).

Outro problema estava relacionado a questões avaliativas que apresentaram forte influência nas definições desse ensino. Os alunos estavam preparados para realizar apenas o que era solicitado nos processos avaliativos. Por essa razão, os programas de larga escala, como Exame Nacional do Ensino Médio (Enem) e o Programme for Internetional Student Assessment (Pisa), influenciaram positivamente no ensino de ciências. É claro que integram essa lista as avaliações das próprias universidades.

Ainda hoje, o ensino de ciências apresenta muitas dificuldades para melhoria. Essa dificuldade não é percebida apenas por educadores, mas por diversos profissionais, por exemplo cientistas, políticos e empresários. Dessa forma, lançamos a seguinte questão: Qual seria o papel e o objetivo de cada um desses grupos no contexto do ensino de ciências?

Bernardo, Vianna e Silva (2011) destacam os resultados esperados para o ensino de ciências no contexto atual. De acordo com esses autores, os objetivos envolvem a formação de cientistas e a formação do cidadão. Também é interessante destacar que o ensino, com o passar dos anos, modificou-se e seguiu diferentes perspectivas.

É claro que tudo isso está relacionado aos problemas encontrados em suas respectivas épocas. Algumas dessas perspectivas são apresentadas em Krasilchik (2009); o autor ressalta que, na década de

1950, era priorizada a formação da elite científica. Essa prioridade era uma alternativa de contribuição para o desenvolvimento científico e tecnológico. Já nas décadas de 1960 e 1970, a ciência era um elemento da formação do cidadão e do trabalhador.

É importante destacar que nessa época o governo era democrático e foi seguido pelo regime autoritário. Dessa forma, as reformas realizadas na educação voltavam-se à formação de pessoas capacitadas para a produção marcada pela fase do milagre econômico.

No contexto do governo democrático, as disciplinas relacionados à ciência foram fundamentais para a criação e o desenvolvimento de responsabilidades civis para o exercício da cidadania.

Exercício resolvido

Atualmente, os currículos desenvolvidos nas escolas são voltados para estudantes, cidadãos e trabalhadores. Estes precisam de atualização constante para a análise e a utilização das informações disponíveis a seu favor. Dessa forma, buscam-se participações mais ativas na sociedade e no contexto em que eles estão inseridos. Assinale a alternativa que mostra um ponto negativo do ensino brasileiro oferecido atualmente.

a) O ensino brasileiro é voltado para a construção de altas tecnologias.

b) O currículo do ensino brasileiro é focado na produção científica para o desenvolvimento social.

c) O ensino de ciências no Brasil é caracterizado pela autonomia do indivíduo.

d) O currículo brasileiro é baseado em exposições teóricas de conteúdo e memorização destes.

Gabarito: d

Feedback: O ensino oferecido é predominantemente de base teórica e mantém critérios de memorização. Assim, as informações oferecidas não são contextualizadas com situações do cotidiano dos alunos, esvaziando o sentido da educação. Além disso, as disciplinas relacionadas à ciência não dialogam entre si.

O aluno deveria ser capaz de processar, adaptar, buscar, interpretar informações e os conhecimentos oferecidos para que sejam úteis em sua vida e no contexto da sua cidadania.

Essas ideias mostram que é impossível ensinar ciência como se faz atualmente. Em outras palavras, é difícil continuar com um ensino de ciências estagnado e preso a um sistema antigo e extremamente sem significado (Tedesco, 2009).

É necessário que as pessoas tenham compreensão da natureza e dos processos envolvidos na ciência. Dessa forma, é requerido o conhecimento dos avanços em todas as áreas científicas com poder de aplicabilidade.

Então, a ciência e sua metodologia de ensino podem contribuir para o desenvolvimento social de maneira a modernizar o país. Em outras palavras, o ensino de ciências deve ser considerado como investimento para o futuro. Consequentemente, isso irá combater a pobreza e as desigualdades.

Contemporaneamente, quando buscamos respostas sobre os avanços no ensino de ciências, pensamos como a educação científica poderia servir a um propósito maior, que é o ensino de fato.

Exercício resolvido

Ao se pensar na situação socioeconômica do país, o aperfeiçoamento do ensino de ciências se torna prioridade, assim como sua qualidade na formação de um indivíduo crítico frente ao meio social. A esse respeito, assinale a alternativa que apresenta uma reflexão correta:

a) Compreendendo todo o conteúdo e os conceitos envolvidos na ciência, automaticamente o aluno pode colaborar para o avanço tecnológico de seu país.

b) Basta que o aluno tenha total conhecimento dos conceitos e dos processos envolvidos na ciência.

c) Se o aluno dominar todo o conteúdo referente às questões científicas, está implícito que ele será capaz de aplicar tais conhecimentos na sociedade em que está inserido.

d) Apesar de o aluno poder compreender de maneira completa os processos e os conceitos envolvidos na ciência, isso não terá valor algum se ele não souber aplicar tais conhecimentos para modificar a sociedade em que se encontra inserido.

Gabarito: d
Feedback: O indivíduo deve ser capaz de relacionar o seu meio com a ciência. Além disso é preciso que o aluno agregue a sua vida os processos científicos, e que tenha consciência dos processos influenciados por ele e dos que lhe influenciam.

A ciência é considerada uma das principais maneiras para o desenvolvimento da sociedade. Apesar desse pensamento, ainda existe um abismo entre as formas de produzir ciência e tecnologia dos países desenvolvidos e países em desenvolvimento. Isso se estende tanto para questões ligadas a investimentos quanto para o tempo necessário para a produção e introdução dessas inovações. O modelo brasileiro, que é baseado em exportação, seja de matéria-prima seja de produtos industrializados, não necessita de mão de obra altamente qualificada, o que dificulta a evolução das condições de vida da população e, consequentemente, para o desenvolvimento do país. Apesar de esse modelo levar o país a um grau de desenvolvimento socioeconômico com geração de empregos e infraestrutura como saúde, educação e saneamento, não há maiores pretensões no contexto científico e tecnológico. Dessa forma, esse desenvolvimento se dá de maneira incompleta e consequentemente sem nenhuma perspectiva. Esses fatores jamais colocarão o Brasil no mesmo patamar de grandes nações mundiais, pois, nessas, dá-se muita atenção ao desenvolvimento científico e tecnológico.

Os fatores mencionados já permitem uma visão bem mais favorável para o futuro, e isso faz haver a manutenção desses fatores para um desenvolvimento socioeconômico favorável. Devemos esclarecer que o desenvolvimento tecnológico e científico não é o único fator que apresenta contribuição para o desenvolvimento socioeconômico do país, mas, é um dos fatores mais importantes para que isso aconteça.

Em razão do baixo desenvolvimento da ciência e da tecnologia no país, existem linhas de pensamento que defendem que o aumento dos recursos relacionados ao desenvolvimento da ciência e da tecnologia melhorariam os setores industriais e o educacional, levando o país a uma sociedade muito mais justa. Nesse contexto, é importante destacar que, se assim pensarmos e buscarmos um maior desenvolvimento da ciência, é preciso preparar os cidadãos para a vida prática e para a convivência e a participação ativa no processo de desenvolvimento da nação.

Não se pode ser uma potência científica e tecnológica se não houver uma modificação na educação do país. Werthein e Cunha (2009) afirmam que nenhum país consegue avançar sem oferecer aos cidadãos educação de qualidade. Vale lembrar que a educação e a formação crítica em ciência e tecnologia podem contribuir para a formação do indivíduo como cidadão.

Dessa forma, a educação que aqui vislumbramos é um fator democrático, ou seja, deve chegar ao maior número de pessoas possível, abarcando todas as camadas sociais. Isso porque essa educação proporciona uma maior participação popular em todas as áreas socioeconômicas e na educação. Ressaltamos que, quando a população não recebe informação em termos de ciência e tecnologia, a desigualdade do país é agravada, gerando um atraso no contexto do mundo globalizado.

Dessa forma, é importante entender que o investimento em uma preparação científica para a população resultará em produtividade e cidadania. Consequentemente, esses fatores são convertidos em melhorias nas condições de vida da população. Nesse sentido, a educação em ciência e tecnologia, quando feita sem discriminação, abrangendo todas as camadas sociais e todos os níveis de ensino torna-se um requisito fundamental para a democracia e o desenvolvimento sustentável.

Exercício resolvido

Apesar da grande importância do processo de educação científica, existe grande rejeição e preconceito por parte dos alunos. Isso claramente pode ser atribuído a diferentes fatores, entre os quais podemos destacar:

a) a desmotivação por parte da família, que muitas vezes julga a ciência como sem valor para a vida.
b) a preguiça de construir um conhecimento sólido em razão de bloqueios predeterminados.
c) o fato de que o ensino é justificado por grande parte dos professores como uma ferramenta utilizada para o futuro.
d) a ciência, no nível educacional, é vista como ferramenta para o desenvolvimento social e tecnológico.

Gabarito: c
Feedback: O ensino de ciências é sempre justificado, pelos professores, como um empreendimento para o futuro. Em outras palavras, a ciência é sempre vista como algo futuro e nunca para o presente.

O ensino de ciências ainda é considerado propedêutico e voltado para alunos que se preparam para seguir seus estudos em níveis superiores. Para Acevedo (2004), essa visão ainda se encaixa em desejos e moldes dos alunos e também da sociedade no geral, em que o acesso a universidades já é considerado suficiente. A abordagem propedêutica aqui discutida diminui de maneira drástica o interesse dos alunos, principalmente pelas disciplinas relacionadas à produção científica, pois, como mencionamos, esvazia de significado o ensino de ciência.

Reconhecendo, então, que a educação científica não deve ser propedêutica, é premente estabelecer objetivos que contribuam para essa nova prática docente. Assim, Acevedo (2004) apresenta alguns objetivos que deverão ser atingidos no ensino de ciências, assim como suas respectivas características. No Quadro 1.1, a seguir, estão listados alguns desses objetivos.

Quadro 1.1 – A relevância no ensino de ciências

Relevância do ensino de ciências	Algumas características
1. Ciências para prosseguir com estudos em áreas científicas	Concentra-se em conteúdos e conceitos mais ortodoxos da ciência. Recebe apoio de muitas instâncias, tais como grande parte dos professores de Ciências de todos os níveis educacionais, da universidade e das políticas educativas.
2. Ciências para posicionar e tomar decisões em assuntos públicos que envolvam ciência e tecnologia	Demanda especial atenção para o exercício da cidadania em uma sociedade democrática. Prepara para enfrentar muitas questões que façam referência à ciência e tecnologia na vida real e para tomar decisões racionais sobre elas. É sustentada por aqueles que defendem uma educação em ciências para a ação social.
3. Ciências funcional para o mercado de trabalho	Os conteúdos mais ortodoxos não são ignorados, mas são subordinados à aquisição de habilidades mais gerais. É o ponto de vista preferido de empresários [...].

(continua)

(Quadro 1.1 – continuação)

Relevância do ensino de ciências	Algumas características
4. Ciências para chamar atenção e agradar os alunos	Habitualmente utilizada pelos meios de comunicação de massa, tais como documentários de televisão, revistas de divulgação científica etc., às vezes se concentram tanto em abordar os conteúdos de maneira espetacular e sensacionalista que contribui para uma imagem falsa e estereotipada do que é ciência e tecnologia. Muito utilizado por divulgadores de ciência.
5. Ciências úteis para a vida cotidiana	Inclui muitos dos temas transversais, tais como saúde e higiene, consumo, alimentação, educação sexual, segurança no trabalho etc. A decisão sobre o que deve ser abordado surge da interação entre os *experts* e os cidadãos comuns.
6. Ciências para satisfazer a curiosidades pessoais	Demanda especial atenção para os temas científicos que mais podem interessar aos alunos, e por esse motivo eles são os principais definidores do que deve ser abordado. Em razão das diferenças culturais podem aparecer importantes diferenças para essa categoria entre um país e outro.

(Quadro 1.1 – conclusão)

Relevância do ensino de ciências	Algumas características
7. Ciências como cultura	Promovem-se conteúdos globais, mais centrados na cultura da sociedade do que nas próprias disciplinas científicas, podendo ainda incluir uma das categorias anteriores. A cultura dos contextos sociais em que vivem os alunos é que define o que é relevante para o ensino de ciências. No entanto, é preciso chamar atenção para o fato de que se trata de uma visão cultural que ultrapassa a cultura popular.

Fonte: Acevedo, 2004, p. 6, tradução nossa.

Entre as modalidades destacadas no quadro, as que mais se aproximam do que propomos para o ensino de ciências são as de número 2, 5 e 7.

Os alunos devem se posicionar de maneira crítica e de forma contínua, de modo que façam referência a seu cotidiano e a ciência passe a fazer parte de sua vida. Assim, as categorias 2 e 5 apresentadas no Quadro 1.1 se fundiriam em uma única que considere a ciência necessária para o cotidiano.

Quanto à categoria 7, a partir do momento em que a ciência não é mais considerada neutra, não exclui a cultura em suas relações. Dessa forma, essa categoria passa a se relacionar com todas as outras. Esses são os objetivos básicos que vislumbramos atingir com o ensino de ciências em termos de educação científica de qualidade.

Em 1994, Rutherford propôs que uma pessoa educada no contexto das ciências é aquela que consegue compreender de maneira consciente que a ciência e a tecnologia são empreendimentos da humanidade que independem de poderes e limitações e que compreendem conceitos-chave. Esses conceitos estão totalmente familiarizados com o mundo e reconhecem a diversidade como sua unidade. Dessa forma, utiliza conhecimentos e modos de pensamentos científicos como objetivos sociais e individuais.

No contexto de Rutherford, um cidadão letrado pode ser considerado como aquele que é capaz de relacionar e expressar assuntos ligados a ciência e tecnologia, não no contexto técnico, mas sim forma significativa, ou seja, é aquele indivíduo que consegue transpor a ciência para sua realidade.

A ciência constitui ferramenta no auxílio dos processos relacionados à sociedade em que o indivíduo se encontra inserido. É importante perceber que tudo isso envolve uma compreensão sobre o impacto da ciência e da tecnologia na sociedade. Mais que isso, esse impacto deve ser voltado para a compreensão pública, enquadrando-se no propósito para a formação da educação básica e, principalmente, para a cidadania.

O fato de que a educação científica deve ser tratada como conhecimento necessário para que o indivíduo se desenvolva na vida cotidiana é abordado em Chassot

(2003). Já Mortimer (2009) defende que o indivíduo não pode ser apresentado apenas às maravilhas e às "mágicas" das ciências.

Em outras palavras, é preciso disponibilizar ao indivíduo representações científicas que o tornem capaz de agir, de tomar decisões e de compreender o que está em jogo. A capacitação do aluno apenas para operar objetos tecnológicos é sem dúvida uma educação incompleta. Além da capacitação, o ensino de ciências deve possibilitar o desenvolvimento do intelecto do aluno, além de suas habilidades. Dessa forma, ele se tornará um indivíduo mais participativo, aberto ao diálogo e saberá tomar decisões diante de problemas relacionados à educação científica, tecnológica e seus respectivos desenvolvimentos.

A preparação do aluno para uma participação pública efetiva é um argumento muito utilizado pela democracia junto da defesa de uma educação científica para a cidadania. Isso porque essa educação servirá como base para os indivíduos lidarem com a ciência em seu cotidiano.

Dessa forma, o indivíduo estará apto a participar dos processos envolvidos em tomadas de decisões públicas e em questões relacionadas a ciência e tecnologia de forma racional e crítica.

Exercício resolvido

A educação voltada apenas para a participação ativa do aluno em sala de aula não é suficiente para um avanço social. Assinale a alternativa que melhor justifica essa proposição.

a) Com alta participação em sala, pressupõe-se que o aluno consiga assimilar e entender todos os conceitos envolvidos nas ciências, e isso já é um avanço social.

b) A alta participação do aluno não implica em modificações sociais, uma vez que isso não garante a aplicação científica no contexto em que ele está inserido.

c) O indivíduo definido como bom aluno é aquele participativo apenas em sala de aula.

d) Participar da aula não significa ser crítico e capaz de produzir conhecimento e críticas de maneira autônoma.

Gabarito: b
Feedback: Não adianta formar e transformar alunos em cidadãos pensantes e críticos se eles não conseguem colaborar e agir de maneira significativa para transformar a realidade. A formação do indivíduo deve também resultar em ações críticas no meio em que está inserido.

A ciência que estamos propondo e buscando ensinar não pode ser neutra e livre da sociedade, pois isso possibilita a transmissão de perspectivas deformadas no contexto dessa área e de seu conhecimento. Santos e Ichikawa (2004) ratificam isso, informando que o trabalho é abordado com o esmagador número de agentes sociais que estão envolvidos na educação e de maneira indireta na educação científica. Afinal, cada agente representa grupos e setores sociais e, por isso, buscam a afirmação de sua influência nos processos envolvidos na educação.

Perguntas & respostas

Por que a educação científica não deve ser pensada apenas na forma educacional, mas em todo o contexto político e social?
Essa é uma nova visão para a educação e o ensino de ciências, em que também há a necessidade de inclusão dos valores éticos e culturais nessa forma de ensino. Uma vez que a ética é excluída dessas discussões, elas seriam dominadas por características extremamente técnicas, o que leva a uma visão distorcida dessa visão científica. A cultura também precisa ser contemplada, pois é extremamente influenciada pelos processos educacionais e forma a base de sustentação de qualquer sociedade.

Com base em todos os argumentos apresentados, é evidente a importância de que uma educação científica de qualidade deva introduzir e incorporar elementos fundamentais, tais como questões éticas, morais, tomada de decisões, a própria natureza e que apresentem relevância social significativa e emotiva para os alunos e indivíduos.

1.3 Contexto do movimento CTSA

Atualmente, problemas relacionados ao meio ambiente despertam grandes preocupações no mundo inteiro. Logo após a grande Revolução Científica, veio a Revolução Industrial, e isso mudou completamente o modo de produção e de trabalho vigentes na sociedade.

A Revolução Industrial certamente modificou de maneira intensa e significativa a relação da humanidade com a natureza. As modificações do modelo econômico introduzidos na época visavam promessas de aumento da qualidade de vida, e isso contribuiu para a criação de paradigmas que permeiam a sociedade contemporânea e que na maioria das vezes é prejudicial.

A crise relacionada ao meio ambiente foi intensificada pelo consumismo, pelo individualismo, pela maneira de pensar cartesiana e pelo antropocentrismo, sendo essas algumas das importantes características da sociedade moderna.

No ano de 1965, a Universidade de Keelen realizou uma conferência na qual se utilizou pela primeira vez o termo *educação ambiental*. Nesse contexto, discutiu-se que a educação ambiental é essencial na educação básica e em todos os níveis de conhecimento de todos cidadãos. Essa discussão já era, certamente, uma preocupação dos estudiosos em relação aos destinos dos recursos naturais.

Na década de 1970, marcada por grandes avanços tecnológicos, surgiu uma proposta de ensino que permitia uma relação íntima entre ciência, tecnologia e sociedade. Essa proposta ficou conhecida como CTS, e esse movimento surgiu em alguns países da Europa, além de Estados Unidos, Canadá e Áustria. Essas regiões foram marcadas por mudanças no processo de industrialização e na educação.

Apesar de o movimento CTS não ter sido originado no contexto da educação, vem alcançando esse campo de maneira bastante intensa. Isso se deve ao entendimento de que é na escola que as mudanças são iniciadas.

No Brasil, esse movimento e suas visões começaram a ser incorporados apenas entre as décadas de 1980 e 1990 principalmente na disciplina e no ensino de Química voltados para o ensino médio. No ano de 1990, no Brasil, foi realizada a Conferência Internacional Ensino de Ciências para o século XXI: ACT – Alfabetização em Ciências e Tecnologia, a qual contribuiu muito para essa prática educacional e para o interesse por essa prática por partes dos docentes.

No Brasil, a visão CTS foi reforçada pela colonização do país, que se deu de maneira exploratória e predatória. Essa colonização não disseminou aspectos relacionados a ciência e tecnologia, e isso certamente foi um fator determinante para que a ciência fosse desenvolvida de maneira tardia. A letra A foi acrescida na tríade CTS após todas essas propostas e perspectivas relacionadas às consequências ambientais. Esse acréscimo resgatou o enfoque nas dimensões ambientais.

Com base nessas informações e nesse contexto, surgiu a possibilidade de desenvolvimento de uma educação ambiental genérica, ampla e abrangente. Isso incorporou perspectivas para novas reflexões e críticas sobre questões ambientais que nos atingem.

A educação voltada para o meio ambiente teve papel fundamental no resgate de valores para uma nova cidadania e a construção de um significado para o meio ambiente.

O termo CTS (ciência, tecnologia e sociedade) teve origem nas décadas de 1960 e 1970. Esse movimento nasceu logo após acontecimentos históricos muito prejudiciais para a sociedade e caracterizou-se pela crítica de como a ciência e a tecnologia eram tratadas e vistas pela sociedade. A crítica nessa época era bem forte e os primeiros países em que o movimento CTS alcançou relevância foram Estados Unidos, Inglaterra, Canadá, Espanha e Holanda. Nesses países, as críticas eram tão intensas que se ampliaram para o contexto político, econômico e também na educação. É importante destacar que esse movimento dedicava toda a sua atenção para questões altamente relevantes que deveriam ser abordadas no contexto da educação.

Um dos fatores históricos que contribuiu para a formação do movimento CTS foi a Segunda Guerra

Mundial. Nesse contexto, surgiram na sociedade questionamentos de que a ciência e a tecnologia poderiam ter um papel importantíssimo na sociedade. Outro fator histórico importante foi o *Pugwash*, que é caracterizado como uma crítica pela falta de responsabilidade social na ciência.

Foram pontos de críticas de cientistas o programa nuclear estadunidense e o acidente nuclear de Chernobyl. Dessa forma, o movimento é caracterizado pela substituição da reprodução social por uma nova reconstrução social.

Nesse caso, buscava-se alcançar mudanças sociais para beneficiar a maior quantidade de pessoas. Nesse contexto, o ano de 1968 é considerado como chave para a consolidação, porque foi o ápice de todos os movimentos de contracultura norte-americana, além de ter representado o auge dos movimentos contra a guerra do Vietnã. Esses movimentos tinham como alvo a tecnologia moderna estadunidense. O surgimento e a consolidação desse movimento pode ser dividido em três fases, as quais são diferenciadas pela atitude por parte da comunidade científica e da sociedade ao problema do desenvolvimento e das consequências da ciência e da tecnologia. Vejamos a seguir essas três fases:

1. **Período do otimismo** – Ocorreu entre os anos 1940 e 1955, no período pós-guerra. Essa época é marcada pela extrema confiança na ciência e na tecnologia para a evolução social. Nesse contexto, ter

mais ciência e mais tecnologia levaria a sociedade a um mundo muito mais desenvolvido e justo. Diante dessa perspectiva, maiores quantidades de ciência e tecnologia levaria a um maior progresso social e econômico. Esses progressos seriam atingidos em todos os níveis da sociedade.

2. **Período de alerta** – Ocorreu entre os anos de 1955 e 1968. Essa é a época caracterizada por desastres químicos e nucleares, associados ao contexto da Guerra Fria. Nesses anos, houve não só um intenso processo relacionado a questionamentos da ciência e da tecnologia, mas também de suas consequências sociais. Dessa forma, a sociedade passou a perceber que o desenvolvimento da ciência não é o único e suficiente critério para o desenvolvimento social e econômico. Além disso, passou a ser enfatizada a maneira como a ciência e a tecnologia seriam empregadas segundo os interesses dos seus desenvolvedores. Algumas obras como *Estrutura das Revoluções científicas*, de Tomas Kuhn, e *Primavera silenciosa*, de Rachel Carlson, são reveladores de como a sociedade passou a ver a ciência e a tecnologia. A primeira obra levantava questionamentos sobre como se fazer ciência. Já a segunda concentrava sua atenção nos impactos no meio ambiente e na sociedade pelo uso descontrolado da ciência.

3. **Período da crítica** – Essa fase teve início em 1968 e se estende até os dias atuais. Nesse contexto, todos os questionamentos e alertas levantados pelas épocas passadas levam a sociedade a adotar um posicionamento mais crítico perante a ciência e a tecnologia. Um excelente exemplo dessa crítica é o *Journal of Science Education*, de 1971. Na publicação, defendia-se a importância de se entenderem não apenas os conceitos e processos da ciência, mas também as relações existentes entre ciência, tecnologia e sociedade.

No início desse processo, considerava-se somente a influência da ciência e da tecnologia na sociedade. Somente mais tarde é que se percebeu que a sociedade poderia influenciar tanto na produção quanto na utilização da ciência e da tecnologia.

1.4 Ideias defendidas pelo movimento CTSA

No decorrer do desenvolvimento do movimento social CTS, incorporaram-se a ele muitos *slogans* oriundos da realidade social dos lugares em que o movimento ganhava força.

Na Bélgica, por exemplo, foi adotado um caráter mais ético; na Austrália, o movimento enfatizava a tecnologia;

já na Itália o movimento foi visto mais como disciplina escolar com um marcante caráter científico e que buscava desenvolver questões referentes a sociedade. Por sua vez, o Canadá e a Holanda inscreveram a ideia de incorporação e adoção da sigla CTSA, ou STSE (*Science – Technology – Society – Environment*). Dessa forma, o ambiente passou a configurar um papel importante nas discussões.

Ressaltamos que a adoção de qualquer *slogan* não limitava as discussões. Em outras palavras, mesmo no Canadá, onde o movimento foi considerado CTSA, eram discutidas questões e aspectos relacionados a ética, cultura etc. Da mesma forma, na Bélgica as discussões não se limitavam ao meio ambiente.

Atualmente, esses diferentes *slogans* não são apenas nacionais, estando distribuídos por todo o mundo. Nesse contexto, tornou-se comum vários outros, como "Ciência para todos", "Ciência cidadã" entre outros.

Esses *slogans* são complementares uns aos outros. Aqui trataremos apenas do termo CTSA, pois nosso propósito é discutir não só políticas públicas, mas também educação, economia, ética, cultura, valores etc. Dessa forma, o ambiente sempre estará presente e entre as realidades tratadas.

De acordo com Pedretti e Hodson (1995), o ambiente não deve ser considerado simplesmente um dado e uma entidade desvinculada da sociedade, uma vez que:

- transformamos o ambiente natural por meio de ações. Dessa forma, ambientes são construídos e reconstruídos por meio de ações sociais.
- o ambiente é percebido como uma visão sociocultural dominante. Com isso, o conceito de ambiente é dependente dessa visão. Assim, se o ambiente é uma construção da sociedade; então, problemas relacionados a ele também o são. Esses problemas são modelados pelos valores sociais.

Com todos os argumentos apresentados e discutidos aqui, é conveniente adotar a sigla CTSA e, quando assim for, entenderemos que não podemos tratar as relações entre ciência, tecnologia e sociedade sem levar em consideração o ambiente, que nesse caso, não é visto como algo apartado da sociedade.

A respeito dos *slogans* discutidos anteriormente, estes sofreram inúmeras alterações relacionadas às mudanças sociais possivelmente proporcionadas no movimento CTSA.

Em outras palavras, a ciência e a tecnologia e o movimento em si mudavam conforme as demandas sociais. Apesar da ausência de um *slogan* dominante no contexto do CTSA, existem no mundo duas linhas dominantes que são consideradas tradicionais. Essas linhas são a europeia e a norte-americana.

A linha europeia trata o desenvolvimento da ciência e da tecnologia por meio da pesquisa realizada de maneira acadêmica com auxílio de antecedentes sociais, políticos, culturais e econômicos. Já a linha norte-americana trata as consequências ambientais e sociais da ciência e da tecnologia como problemas éticos.

Apesar dessa diferenciação, as duas linhas são extremamente complementares e oferecem críticas à ciência e à tecnologia. Dessa forma, auxiliam na previsão e na aspiração do papel da ciência e da tecnologia na sociedade.

1.5 Perspectivas do movimento CTSA

Uma das características mais marcantes do movimento CTSA é a busca por significativas participações nos diversos setores sociais e nas questões relacionadas a desenvolvimento, investimento e aplicações da ciência. O movimento CTSA, como destacam Auler e Delizoicov (2001), visa à democratização dos processos de decisão.

Bernardo, Vianna e Silva (2011) informam que o movimento CTS assumiu o objetivo de desenvolvimento da capacidade de tomar decisões em termos de ciência e tecnologia. Essa democratização reflete de maneira intensa no ensino de ciências. Nesse contexto, o movimento CTSA apresenta também uma versão em que a educação tem centralidade. Essa versão apresenta como foco a educação científica com um enfoque em CTSA.

Isso já estava presente na formação desse movimento, pois havia a necessidade de se pensar como educar indivíduos para que tomassem decisões mais críticas nas realidades em que se encontram inseridos.

No contexto do ensino de ciências, o movimento CTSA é uma integração entre a educação científica e a sociedade. Dessa forma, os conteúdos produzidos são analisados de maneira conjunta com as discussões de seus aspectos históricos. Além disso, são levados em consideração os aspectos éticos, políticos e socioeconômicos.

Sem dúvida, um dos principais fatores que estimulam o ensino de ciências com enfoque em CTSA é o fato de este ter o potencial de auxiliar os estudantes a se adaptarem às constantes mudanças promovidas pela ciência e a tecnologia. Nessa situação, nas duas últimas décadas, uma educação com enfoque em CTSA vem sendo defendida arduamente como uma maneira de fazer avançar a alfabetização científica. Dessa forma, para uma educação com enfoque CTSA, é preciso considerar uma sociedade analfabeta no que toca a ciência e tecnologia. Ademais, é considerada fundamental a democratização desses conhecimentos.

A educação com enfoque em CTSA é fundamentada em temas que envolvem problemas sociais relativos a ciência e a tecnologia. Esses problemas referenciam diversas possibilidades, que devem ser associadas a diferentes valores e crenças. Nesse contexto, o CTSA caracteriza relações entre ciência e tecnologia de maneira que não sejam neutros e que seja impossível dissociar da interação social. Portanto, a ciência é considerada uma atividade humana altamente complexa e que sofre grande influência dos elementos não técnicos. Expresso de outro modo, a ciência não é vista como processo independente, autônomo e isolado. Ela deve buscar a promoção e o desenvolvimento da educação para que esta seja crítica, científica e tecnológica com capacidade de promover o CTSA, o que aumenta as chances de tomadas de decisão responsáveis e embasadas.

O CTSA na educação inclui estímulos e reflexões, além, é claro, da ação crítica dos alunos. Esses fatores diminuem a passividade dos indivíduos em relação ao que foi apresentado. O comportamento individual passa a ser demonstrado em sala de aula por meio de questionamentos relacionados à educação atual.

De maneira bem geral, os objetivos educacionais são impostos aos professores sem a possibilidade de análise crítica. O comportamento descrito é, assim, um tipo de educação que se restringe à transmissão do conhecimento, uma vez que não há criticidade, e sim aceitação.

A educação com enfoque em CTSA vai contra essa ideia de reprodução social e é, sem dúvida, uma maneira de contornar esse tipo de obstáculo. O mais importante é que a crítica e o embasamento conduzam a uma transformação social.

A transmissão do conhecimento não significa transformar a sociedade. Essa transformação não pode ser imposta sem criticidade. Ela deve surgir naturalmente, de acordo com as necessidades da escola, do aluno e do professor.

Dessa forma, tanto os professores quanto os alunos necessitam de autonomia para realizar o trabalho sempre buscando de alguma maneira relacionar o programa de ensino com as propostas locais do meio.

Nesse contexto, surgem duas orientações. A primeira volta-se para a **reprodução** social, e a segunda, para a **transformação** social.

No projeto de reprodução, o aluno é levado a se adaptar ao formato já existente de sociedade, de modo que ele colabore com a manutenção desse modelo. Portanto, o CTSA é visto como transmissão de informações envolvendo os assuntos relacionados a ciência e tecnologia, fazendo referência à realidade dos indivíduos. Nessa abordagem, não há espaço para a crítica, efetuando-se apenas a transmissão do conhecimento. Assim, o propósito é tão somente apresentar conteúdos e conceitos científicos.

Já no segundo caso, no modelo de uma educação CTSA com vistas a transformações sociais, objetiva-se o encorajamento dos alunos para a reconstrução social justa. Nesse modelo, o aluno é levado a se confrontar com os valores e as informações fornecidas assumindo o papel de cidadãos críticos.

Nesta segunda orientação, a educação requer maior preparação por parte dos professores, uma maior mobilização da escola no geral e a participação efetiva dos alunos. Quanto às atividades a serem incluídas nessa educação, estas devem ser controversas e, se possível, de múltiplas respostas. Além disso, devem envolver debates, valores, simulações e outras características.

Em resumo devem conter pontos que não são abordados pela educação tradicional e aceita.
Em resumo, as diferenças entre as duas orientações descritas, introduzidas e destacadas são apresentadas como no Quadro 1.2, a seguir.

Quadro 1.2 – Comparação entre CTSA para reprodução social e CTSA para reconstrução social

	CTSA para reprodução social	CTSA para reconstrução social
Papel do estudante	Aprender o conteúdo	Relacionar o conteúdo de maneira crítica com seus contextos sociais.
Papel do professor	Implementar de maneira eficiente o programa que lhe é prescrito.	Gerar um programa para os alunos que atenda a suas necessidades e especificidades e que seja passível de crítica.

(continua)

(Quadro 1.2 – conclusão)

	CTSA para reprodução social	**CTSA para reconstrução social**
Questões controversas	Forma de promover o envolvimento dos alunos.	Promover o desenvolvimento de habilidades para discutir essas questões no presente e no futuro.
Crítica	Concentra-se no procedimento.	Ênfase nas questões implícitas.
Cidadania	Foca na sociedade da forma como ela é.	Visa transformar a sociedade em algo mais equilibrado.

Fonte: Elaborado com base em Barret; Pedretti, 2006.

Durante a consolidação do movimento, o desenvolvimento da ciência geraria mais tecnologia, e esta implicaria na geração de mais riquezas, o que consequentemente levaria a um maior bem-estar social. Dessa forma, esta seria a condição necessária para o sucesso do movimento CTSA na educação. O objetivo era justamente romper com o ensino de ciências vigente na época.

Além disso, buscava-se a democratização do ensino de ciências, levando-o ao maior número possível de alunos. O ensino era desvinculado da realidade dos alunos. Como já mencionamos, prezava-se a memorização e a transmissão dos conceitos. Dessa forma, não se levava em consideração as características da natureza da ciência, e a sua introdução de maneira neutra por quem a produziu.

Nesse modelo, a ciência é apresentada como conhecimentos a serem memorizados e aplicados ao mundo real de maneira ocasional. Isso a torna um ser intocável e superior, um tipo de verdade absoluta.

Já o ensino atual de ciências voltado para CTSA deve abordar questões como o desenvolvimento sustentável. Além disso, deve envolver aspectos relacionados a tomadas de decisão com informação e criticidade em assuntos que envolvam ciência e tecnologia, questões relacionadas à ética e a valores e raciocínios morais, dimensões pessoais, políticas, sociais e reconstrução social pela ação dos cidadãos.

Para que isso seja possível, é necessário incorporar temas que façam referência a assuntos envolvidos com ciência e tecnologia. Esses assuntos devem ser atuais e estar presentes na realidade dos alunos, tais como recursos energéticos, agricultura, recursos minerais, tecnologias, ética e responsabilidade social. Esses assuntos têm grande potencial para serem discutidos na educação com enfoque em CTSA. Obviamente outros assuntos com mesmo engajamento podem ser abordados.

Entretanto, não adianta inserir temas sociais no ensino de ciências sem uma mudança significativa na prática e nas concepções pedagógicas, ressaltam Auler e Delizoicov (2001).

O ensino de ciências e tecnologia baseado em CTSA busca a preparação do aluno para exercer seu direito de cidadania, de forma que ele tome atitudes de vigilância crítica sobre todos os acontecimentos na sociedade em que está inserido. Dessa forma, espera-se que os alunos tenham conhecimentos científicos mínimos sobre os problemas tratados para que compreendam todas as opções possíveis para uma tomada de decisão mais fundamental. A seguir, listamos algumas propostas de um ensino de ciências com enfoque em CTSA, tomando como base Acevedo (2004).

- Inclusão da dimensão social da ciência e da tecnologia no ensino de ciências.
- Utilização da tecnologia no ensino de ciências como elemento capaz de facilitar a conexão com o mundo real e uma melhor compreensão da natureza das ciências e tecnociência contemporâneas.
- Relevância dos conteúdos para a vida pessoal e social das pessoas possibilitando o trabalho com problemas cotidianos relacionados com a ciência e a tecnologia tais como saúde, higiene, nutrição, consumo etc.
- Relevância das discussões democráticas da sociedade civil para tomar decisões responsáveis em assuntos públicos relacionados com ciência e tecnologia, reconhecendo também que as decisões que se tomam se baseiam em valores pessoais, sociais e culturais.

- Abordagem do papel humanístico e cultural da ciência e da tecnologia.
- Utilização da ciência e da tecnologia para propósitos sociais específicos e para a ação cívica.
- Consideração da ética e dos valores da ciência e da tecnologia.
- Abordagem do papel de pensamento crítico para o trabalho com ciências e tecnologia.

Defendemos a inclusão de aspectos sociais no ensino de ciências. A mudança ocorre na forma de abordar esses temas, fazendo-o de tal maneira que esses sejam relevantes para os alunos. Dessa forma, esses conceitos não apresentam mais funções futuras e passam a ser construídos no presente. Essas características são buscadas com a proximidade do que é tratado em sala de aula com o contexto cotidiano do indivíduo, promovendo-se um grande fomento para abordagens interdisciplinares entre os conteúdos de diferentes disciplinas e tornando o ensino mais significativo para os indivíduos.

A proposta é proporcionar aos alunos uma autonomia de trabalho com os assuntos relacionados a ciência e tecnologia. O indivíduo então passa a ver o mundo sendo orientado pelo que foi trabalhado em sala de aula, e não o contrário.

Uma dificuldade que se apresenta para a educação CTSA é na verdade um problema da educação atual no geral: a falta de aproximação entre a teoria e a prática.

Apesar de o CTSA ter ganhado bastante força nos últimos anos, as iniciativas tomadas ainda ficam presas muitas vezes à teoria.

Comparativamente, são poucas as iniciativas levadas para a sala de aula. Isso pode ser justificado pelo fato de que muitos professores se identificam com o movimento, mas são poucos os que estão dispostos a aplicar esses ideais em suas aulas. Essa falta de engajamento pode ter origem, muitas vezes, no processo de formação inicial dos professores que não foram preparados para trabalhar com as características exigidas pelo enfoque em CTSA, ou seja, não são preparados para lidar com debates, atividades interdisciplinares, controversas e outras características envolvendo questões éticas e valores morais.

Os professores não se sentem preparados também para adotar um enfoque CTSA no que se refere à organização profissional nas práticas docentes. Isso é justificado pelo fato de esse tipo de enfoque demandar muito mais tempo para planejamento como a preparação de um debate, estudos de casos simulados etc. Assim, os professores temem não cumprir o programa educacional conforme o currículo proposto. Outras questões extremamente delicadas ganham relevância nesse contexto, como as avaliações dos alunos, a conciliação de um programa local com um programa global que dependem muitas vezes de questões internas à escola incluindo política abordada, a religião etc.

O atual ensino de ciências contempla somente conceitos bem-estabelecidos, segundo Hodson (2003). Os conhecimentos contestáveis, as múltiplas respostas, as controvérsias e a ética são elementos excluídos. Para além da inclusão de tais elementos, é preciso questionar e rever como estes podem ser abordados. Não se pode esperar que os alunos critiquem se os próprios professores não o fazem.

Assim, surgem pontos de reflexão importantíssimos por parte dos professores, tais como a preocupação em como ensinar e o que ensinar. Outro fator importante para o ensino com enfoque em CTSA é a autonomia dada ao aluno. Esta, muitas vezes, não é permitida pelos professores que apresentam grandes dificuldades em abandonar sua posição autoritária e de controle sobre os indivíduos. Até mesmo a possibilidade de não saber a resposta para dada pergunta ou a responsabilidade de tratar questões sem respostas certas e erradas também são fatores colaboradores para isso.

Existem muitos mitos relacionados às interações existentes entre CTSA e educação em ciências, segundo Auler e Delizoicov (2001). Esses mitos são caracterizados como construções que se originam paralelamente com o desenvolvimento da ciência. Dessa forma, acaba-se forçando a aceitação de ideias que, na maioria das vezes, não condizem com a atividade científica e tecnológica. Dentre esses mitos, pode ser citada a crença de ser superior o modelo de decisões técnicas. Esta considera a ciência como superior e neutra com único objetivo de desenvolver de maneira plena a busca pelo avanço. Além disso, é vista como incapaz de ser corrompida. Nessa visão, são desconsiderados alguns fatores de extrema importância, por exemplo, o cenário sociopolítico em que as decisões são tomadas. O especialista é, então, visto como o mais indicado para a tomada de decisões, pois apresenta um alto conhecimento técnico e se encontra livre de influência social. Logo, tende a buscar a melhor saída para qualquer problema.

A perspectiva tecnocrática descrita intensifica a ideia de que não há espaço para democracia nas decisões que envolvem tecnologias. Nesse contexto, a participação da população gera uma visão incerta e abre espaço para alguns questionamentos e algumas manifestações que não deveriam existir entre ciência e tecnologia.

Exemplificando

Rachel Carson, em sua obra, *Primavera silenciosa*, apresenta um bom contraexemplo da superioridade tecnocrática. Em seu livro, ela chama atenção para a utilização descontrolada de um pesticida que estava afetando a reprodução de muitas espécies de pássaros. Esse fato foi denominado *primavera silenciosa*. Esse uso indiscriminado foi criticado por grande parcela dos cientistas que certamente eram influenciados pelas indústrias para defender seus interesses econômicos. Trata-se de um excelente exemplo de que nem sempre a comunidade científica toma a decisão mais correta, mesmo sendo supostamente mais qualificada para isso.

Acrescentamos que no mundo atual existe uma linha de pensamento que vem ocupando o espaço que, a princípio, era destinado ao movimento CTSA na educação. Essa abordagem trata de questões sociocientíficas e é referenciada pela sigla QSC. Apesar de esses estudos se associarem inicialmente ao CTSA, eles começaram a apresentar diferenças nos últimos anos. Essas diferenças começaram a refletir no posicionamento de autores que defendem as QSC como um substituto para o CTSA. Aqui não aprofundaremos o QSC, mas pode-se consultar Quinato (2013) para saber mais sobre o tema.

Síntese

- A relação entre ciência, tecnologia e sociedade é antiga e serve como parâmetro para caracterizar avanços tecnológicos e sociais.
- O movimento CTSA teve início após alguns acontecimentos históricos, entre eles a segunda Guerra Mundial, a Guerra Fria e o acidente nuclear de Chernobyl.
- É extremamente importante reconhecer que a ciência exerce um papel fundamental no contexto do desenvolvimento social.

- No contexto CTSA, os currículos escolares devem focar em como ensinar os alunos a se tornarem cidadãos críticos capazes de aplicar todos os conhecimentos não só para o desenvolvimento científico, mas também para a tomada de decisão em assuntos relacionados a ciência e tecnologia assim como sua forma de produção.

Propostas de ensino

2

Conteúdos do capítulo

- Propostas de ensino.
- Propostas de ensino na educação básica.
- Propostas de ensino na academia.
- Perspectivas de proposta de ensino.
- Inclusão e as propostas de ensino.
- Ensino híbrido e os desafios impostos pela Covid-19.
- Propostas de ensino para o futuro.

Após o estudo do capítulo, você será capaz de:

1. listar as principais propostas de ensino para a educação básica e explicar por que elas são fundamentais para a valorização da educação;
2. elencar as principais propostas de ensino para a educação básica;
3. identificar as problemáticas modernas enquanto desafios para a implantação de novas propostas de ensino que abarquem tanto os meios tradicionais quanto as inovações do mundo moderno;
4. catalogar os principais estudiosos para uma discussão mais plural das propostas de ensino nos tempos modernos;
5. identificar conceitos-chave relativos à sociedade moderna, que sofreu profundas transformações ao longo dos anos;
6. entender a gênese da problemática moderna no ensino superior;
7. compreender o avanço da discussão ética a partir da modernidade líquida e situar como a educação está diretamente ligada ao modo como as relações humanas se estabelecem na modernidade.

Ao considerarmos os cenários dos métodos de ensino e do estudo em CTSA, é necessário fazer uma análise imediata de todo o sistema global vivido nos últimos anos. Movimentos históricos, como a modernidade líquida, estudada por Zygmunt Bauman, as várias fases da Revolução Industrial, reformulada pela inserção obrigatória da tecnologia na vida das pessoas, contribuem para que as perspectivas de ensino e suas implicações sejam, em sua totalidade, baseadas em novos formatos. Não obstante, ao considerarmos esses fatores, a realidade exposta pela pandemia do Covid-19 fez emergir uma nova existência que não havia de ser avaliada nos anos anteriores por sua imprevisibilidade.

A pandemia anterior vivenciada pelo mundo, a da gripe espanhola, encontrou uma sociedade menos preparada em termos de tecnologia e de possibilidades de reversão dos padrões de normalidade que nos foram expostos ao longo dos anos. Os comportamentos sociais de expressão de afeto ou de convívio em grupos a que todos estavam acostumados foram construídos no decorrer dos anos e precisaram ser revistos na pandemia em curso.

Neste capítulo, estudaremos as propostas de ensino considerando também essa nova realidade. A estruturação utilizada e o seu desenvolvimento passam pelos entendimentos das propostas anteriores. Intencionamos apresentar seu panorama, benefícios, problemáticas e propostas voltadas para essa nova realidade.

Aqui, faremos um estudo voltado para o recorte social e para o modo como as propostas se inserem em seus respectivos contextos. Considerando o tempo presente e o futuro próximo, buscaremos responder quais propostas de ensino serão, de fato, executadas.

Para entendimento imediato, as **propostas de ensino** são trajetórias para se chegar a um objetivo do processo de ensino e aprendizagem.

A educação demanda um estudo prévio do recorte social do público a que se destina.

O Brasil carrega, em sua história, problemáticas que envolvem a educação estrutural, englobando a educação infantil e os ensinos de nível fundamental, médio e superior.

O histórico de país colonizado reflete em uma herança de vulnerabilidade social e fragilidade educacional, atendendo a população de modo desigual e deficitário.

É para enfrentar esse contexto que a CTSA propõe uma nova prática educacional.

2.1 Propostas de ensino na educação básica

As infâncias (primeira e segunda) determinam o grande desafio de toda a escalada referente ao "fazer educação". Se ilustrarmos a educação como uma pirâmide, como mostrado na Figura 2.1, fica evidente que não existe educação em nível avançado se não houver, conforme os padrões educacionais e as propostas de ensino, uma educação básica que fundamente os alunos em suas formas sociais, pedagógicas e emocionais.

Figura 2.1 – Pirâmide de ensino

```
        Graduação
   Ensino fundamental
        e médio
      Educação básica
```

2.2 Propostas de ensino no ensino superior

O sistema capitalista incutiu na sociedade a ideia de progresso a todo custo, tanto no entendimento das empresas que objetivavam o lucro e a consolidação de suas marcas, quanto no imaginário humano individual que desenvolvia no seio familiar a ilusão de que felicidade seria o resultado do acúmulo de posses e de consumo constante.

Ao longo dos séculos XIX e XX, ao mesmo tempo em que a evolução era percebida em todos os meios, os resultados otimistas criados pela alta produção já não eram certos.

Um novo tempo de insegurança abateu o mundo, e a humanidade vivenciou momentos sombrios, como as duas Guerras Mundiais, o nazismo, a corrida armamentista, a Guerra Fria etc. Esses acontecimentos, por si só, demonstram um desafio humanitário profundo de como lidar com os eventos na condição de seres sociais. Ficou latente o questionamento sobre como exercer a moral, a ética e a liberdade individual em meio a um panorama envolto em medo (em consequência de guerras) e insegurança (as consequências das guerras perpassavam desde mortes inocentes até a perda de emprego).

A partir desse questionamento amplo, os nortes do pensamento filosófico contemporâneo do século XIX e XX passaram a ser a origem das espécies, a evolução freudiana e a teoria da relatividade.

As novas discussões sobre a educação na academia brasileira abarcam a incerteza diante do cenário sociopolítico, em razão das transformações das gestões republicanas ao longo dos últimos 14 anos, com governos federais que representavam visões absolutamente diferentes (se não, totalmente opostas).

Em um salto temporal, a pandemia da Covid-19 trouxe à tona realidades desconfortáveis, que aceleraram a implementação de estruturas que certamente demandariam anos de discussão antes de serem aplicadas, não apenas consolidando a ciência e a tecnologia como grandes motes educacionais dos últimos anos, mas também revelando necessidades extremas para a continuidade dos planejamentos educacionais.

> As discussões sobre a EaD no ensino superior, para além das especificidades e singularidades intrínsecas a ela, vêm acompanhadas, quase sempre, do que seriam possibilidades e limites de seu uso. É frequente questionar, por exemplo, que especialidades ou campos da formação poderiam se prestar, mais ou menos, à sua organização. Vemos surgir assim "feudos", em que se convenciona trabalhar, ou não, com a EaD, isso como forma/modo de se conservar a qualidade na formação. E o termo qualidade se converte no critério para afirmar ou negar a EaD como possibilidade educativa. (Alonso, 2010, p. 4)

A discussão exposta por Alonso (2010) se torna atual e pertinente na medida em que o acesso ao ensino superior teve grande crescimento nos últimos anos. Além disso, houve um evento global que alterou a estrutura das relações humanas demandando adaptações.

? O que é?

EaD: Transformada em lugar comum – tendo em vista a constante utilização em razão da necessidade que se instalou por conta da pandemia de Covid-19 – EaD é a sigla para ensino a distância. Ela existe pela necessidade da continuidade de aulas em que os alunos e professores estão separados seja por tempo ou espaço. Para eliminar essa barreira, vias tecnológicas se conectam para manter o processo de ensino e aprendizagem.

Para entender o impacto do ensino a distância e por que ele se tornou tão preponderante na modernidade, é preciso rever o conceito de *modernidade líquida*. Esse termo foi cunhado e disseminado por Zygmunt Bauman ao compreender as relações do mundo moderno em todas as suas esferas: vida social, ética, cultura, relações amorosas etc.

O conceito de *modernidade líquida* perpassa a ideia de que todas as relações são influenciadas por conceitos de volatilidade e fluidez. As relações sólidas, centradas em um ideal de pragmatismo e durabilidade – tanto em termos cronológicos quanto emocionais – já são configuração de relacionamentos passados (Bauman, 2001).

A modernidade líquida se caracteriza pelas seguintes situações:

- O ser individual é definido pelas escolhas relativas ao estilo que adota para a sua vida.
- A sociedade deve ser moldada à sua personalidade, e não o contrário (como definido por outras correntes filosóficas passadas).

- A insegurança trabalhista passa a ser um dos elementos determinantes para o mal-estar do homem moderno. Sem os benefícios baseados na "fidelidade" das empresas para com os seus empregados no passado, o homem dificilmente teria o mesmo trabalho durante toda a vida.

Esses aspectos compõem a base da modernidade líquida e mostram como ela se estende por diferentes esferas modernas. Uma nova engrenagem e uma nova forma de ver e entender a sua posição no mundo era entregue ao homem.

Também a educação é afetada pelas condições modernas, estando cada vez mais dependente de aplicativos, redes sociais e outras ferramentas tecnológicas.

Exercício resolvido

A pandemia de Covid-19 se tornou um contexto que mudou totalmente a vida das pessoas em termos de dinâmica social. A educação é uma das áreas mais afetadas por esse evento.

Assinale a alternativa que mostra como podemos perceber o ensino a distância considerando o novo momento antropológico em curso.

a) A pandemia reforçou um processo iminente de conversão digital e de atualização do sistema educacional – ainda que este sofra resistência de alunos e professores. Isso se revelou no respeito às novas normas de segurança da atenção básica de saúde e na consolidação da internet como novo determinante na vida das pessoas.

b) A pandemia é um processo que deve ser superado a médio e curto prazo, sem a menor necessidade de adaptação para a posteridade.

c) A pandemia deve ocasionar um efeito rebote – tão logo a pandemia seja cessada –, o trauma psicológico será superado e as tradições serão resgatadas com um maior nível de pessoalidade na troca; assim, as formas tradicionais de ensino analógico voltarão com grande força nos anos vindouros.

d) A digitalização deve ser entendida como parte de um processo de constante transformação. Aliás, uma nova tendência deve surgir, passando a preponderar uma educação híbrida e que abarca não apenas o digital, mas novas formas de ensino e troca.

Gabarito: d

Feedback: O ensino a distância, considerando o contexto da pandemia, deve ser entendido como um conceito de normalidade que deve inserir um novo padrão de ensino e aprendizagem na educação para os anos que estão por vir.

Ainda que exista uma ideia de modernidade líquida, não existe perspectiva que algo deve substituir a internet nos próximos anos, pois ela permeia todos os espaços e atividades.

Nesse panorama, surgem novos desafios, perpetuando o campo da reflexão humana e global. Entretanto, as relações humanas, estas indissociáveis e permanentes, devem fazer parte da nova lógica educacional, tão logo o conceito de normalidade se flexibilize, formatando conceitos ideais de *educação híbrida*.

2.3 Conceitos sociopolíticos do ensino superior

Um dos grandes entraves de discussões recentes sobre as metodologias adotadas em universidades – especialmente as federais e estaduais – é o fato de serem atravessadas por questões ideológicas, em vez de serem isentas, tanto quanto possível, de interesses políticos.

Segmentos conservadores da sociedade entendem que o denominado *marxismo cultural* tem feito parte das propostas de ensino nas universidades dos últimos anos.

Convém explicarmos, ainda que brevemente, o marxismo e as correntes filosóficas que influenciam o ensino superior brasileiro. Compreendendo a etimologia da expressão *corrente filosófica*, percebemos o marxismo como uma corrente bem mais abrangente do que o nome sugere. O marxismo é um conjunto de ideias sociais, políticas, filosóficas, sociais e comportamentais desenvolvido por Karl Marx e Friedrich Engels.

Para nos nortear no entendimento do conceito, precisamos compreender a chave social, segundo Marx e Engels: o trabalho. Compreendendo o trabalho como condição para a vida humana, é preciso identificar os protagonistas de tal atividade.

Segundo Marx e Engels, podemos subdividir o trabalho entre os donos dos meios de produção e os colaboradores; ou seja, aqueles que executam os serviços para os donos dos meios de produção.

A engrenagem que subdivide "dono" e "trabalhador" é o mote de estudo do marxismo em relação ao comportamento humano e seu lugar no mundo. Para Marx e Engels, a luta de classes é o que mobiliza todos os sentimentos do homem moderno.

Tal ideia, tendo em vista a gama de formas de implantar o pensamento marxista, veio a consolidar seu estudo relacionado ao socialismo científico e ao socialismo utópico.

O que é?

O socialismo científico é a ciência crítica do capitalismo, como sugerido pelo nome. A corrente foi criada por Karl Marx no auge de seus estudos sobre o capital, elemento que, segundo essa visão, prejudica a posição do homem como ser autônomo na sociedade, sempre subjugado ao dono dos bens de produção.

Marx sugeria que o profundo estudo das relações econômicas e sociais poderia transformar o posicionamento do homem em seu cotidiano. Com base em tais ideias, Marx escreveu a obra mais emblemática de seu pensamento, *O Capital*, em 1867.

Para respaldar suas ideias, Karl Marx e Friedrich Engels publicaram, em 1848, a obra *Manifesto Comunista*, que continha conceitos basilares da crítica marxista, quais sejam:

- divisão social do trabalho;
- produção do capital;
- mais valia;
- luta de classes.

O socialismo utópico acreditava na transformação gradual da sociedade em relação ao cotidiano.
Em *Do socialismo utópico ao socialismo científico*, Engels se dedicou a expor a ideia de que o desenvolvimento do sistema socialista ocorreria mais cedo ou mais tarde de forma gradual e natural, contando, inclusive, com o entendimento profundo da burguesia e por métodos pacíficos da sociedade. Apesar de diversas interpretações e visões de socialistas utópicos, a boa vontade e a participação conjunta da população eram a força motriz das ideias.

A aplicação das ideias marxistas demanda um pensamento e um comportamento revolucionário. A ideia de revolução está presente tanto no socialismo científico, que introduzia a ideia de implantação do socialismo por diversas vias, quanto no socialismo utópico, que tinha um viés passivo e vislumbrava a possibilidade de boa vontade de outrem.

Vale fazer aqui uma ressalva: apesar da ênfase no agir revolucionário, não havia uma ideia de ação pela ação (sem um objetivo declarado). A revolução deveria existir pela igualdade de classes, e a "destruição" do *status quo* deveria acontecer para se alcançar o pleno o bem-estar social.

A preservação do *modus operandi* que tem no trabalhador a peça-chave de uma engrenagem que visa ao lucro, de acordo com marxismo, é uma forma declarada de privilégio de uma classe sobreposta a outra.

Sob essa perspectiva, o marxismo solidificou alguns entendimentos a serem aplicados em determinados fóruns da vida humana. Por exemplo, o conceito de história para o marxismo estava atrelado diretamente ao bem-estar humano (ou na falta dele).

Nessa visão filosófica, o conhecimento seria o meio para a libertação do homem, dando vias à ação revolucionária e a sua autonomia diante de todo e qualquer pensamento dominante.

O conhecimento também seria útil à luta de classes. Uma vez que o trabalhador tenha consciência de sua importância e de que o lucro do patrão é resultado do seu trabalho, as relações entre o operário e o dono dos meios de produção poderiam ser revistas.

Para Marx, o Estado utiliza o aparelho estatal para efetivar a dominação da classe oprimida. Por mais democrática que esta seja, a forma como o desenvolvimento é estabelecido serve para a manipulação da classe trabalhadora em benefício das elites.

A burocracia e a institucionalização da violência, de acordo com o marxismo, são métodos de que o Estado lança mão para efetivar seu projeto.

Ainda que exista uma via que denote similaridades com a filosofia de Marx, a tentativa de imputar um norte partidário na educação superior passa para um retrocesso dos avanços que foram e devem continuar fazendo parte da educação.

2.4 Valorização da equipe docente

No Brasil, um dos desafios da educação é a valorização do corpo docente e do trabalho do professor como atividade primordial na condução da sociedade.

As propostas de ensino precisam contemplar a valorização do corpo docente, tanto no que respeita a sua estrutura de trabalho quanto de sua atividade laboral e remuneração.

Uma das sugestões é a capacitação do professor não apenas como um educador que transmite dado conhecimento, mas também como um gestor. O professor não necessariamente é alguém que gerencia os problemas de uma sala de aula; mais que isso, ele precisa estar apto a atingir a demanda do corpo de alunos e entender as exigências da escola ou da academia conforme as expectativas criadas e a filosofia adotada para aquele ano letivo.

O crescimento será notório caso seja adotada uma política de capacitação eficaz, considerando que existe um ganho individual e profissional do corpo docente e do ambiente escolar ou de ensino superior por contar com funcionários capacitados para atividades além das de sala de aula.

Os elementos fundamentais para a formação de um bom educador moderno são:

- capacitação técnica;
- habilidade em estabelecer bons relacionamentos;
- proatividade;
- dedicação e comprometimento;
- determinação.

Aqui vamos tratar dessas características como **capacitações imateriais**. Tendo em vista que, apesar de os quesitos técnicos serem tão fundamentais quanto insuficientes, outras demandas precisam abarcar todo o quadro de capacidades que formam um bom educador.

> **Para saber mais**

Assista ao filme *De barulho e de fúria*, do francês Jean-Claude Brisseau. Nessa obra, o protagonista tem problemas emocionais evidentes. A ausência da mãe e a condição social de moradia em uma comunidade francesa de baixa renda denotam uma vulnerabilidade social iminente.

Ao ingressar em uma escola, o personagem faz amizade com o filho de um dos traficantes da região, e a professora percebe.

É importante na análise do filme a sensibilidade da professora, ao perceber que se trata de um aluno que precisa de atenção.

DE BARULHO e de fúria. Direção: Jean-Claude Brisseau. França, 1988. 95 min.

2.4.1 Grupo de monitoramento e auditoria

Independentemente do nível de ensino, qualquer atividade laboral precisa contar com um grupo curador que analise se a equipe está em consonância com as ideias de seu líder.

Exercício resolvido

Considere a situação hipotética em que uma diretora de escola e um grupo de acionistas se reúnem para criar uma nova escola de ensino básico em uma cidade do interior da Paraíba.

A ideia da diretora, transmitida para a equipe de coordenação e administração, é que se utilize a pedagogia Waldorf e que seja a primeira a ter tais recursos e ideias desenvolvidas no ambiente e território que ela será instalada.

Qual solução pode ser aplicada para que sejam respeitados todos os quesitos técnicos e, ao mesmo tempo, não exista um enrijecimento de sua participação em relação aos acionistas?

a) A auditoria e a equipe de acionistas devem ser consideradas dispensáveis para que o método Waldorf, este demasiadamente humanizado, seja instalado de forma completa e não sofra alterações demandadas pelo capital financeiro.

b) A auditoria deve ser entendida como um processo natural de fiscalização, para que a parte administrativa não leve todo o conceito humano da escola e da sua proposta de ensino à derrocada por desorganização financeira.

c) A auditoria deve se submeter de forma completa às vontades da diretora da escola, deixando gastos livres para o futuro e para o presente, resolvendo qualquer pendência financeira e administrativa futuramente.

d) A auditoria deve intervir furtivamente e condenar qualquer tentativa de proposta de ensino que não priorize a questão financeira e fiscal, intervindo de forma incisiva em todas as ideias que podem vir a prejudicar a saúde financeira e a transparência das finanças da escola.

Gabarito: b
Feedback: A auditoria não pode nem deve ser entendida como um elemento que anda separadamente da formação lúdica e teórica da escola.

A transparência financeira e os padrões éticos precisam conduzir todos os passos da escola justamente para que exista a tranquilidade do corpo docente e criativo na composição de seu quadro e aplicação do modelo junto dos alunos.

2.4.2 Uso da ciência e da tecnologia em prol da educação

Um dos destaques deste capítulo é a utilização de propostas de ensino que privilegiam a tecnologia no enfrentamento dos novos desafios lançados pela pandemia em curso.

A computadorização como tema para mudança dos serviços laborais agrega todas as formas de produção que se mostraram transitórias na educação: áudio, vídeo e impressão. Antes havia limites bem-definidos e métodos de entrada e saída, agora estes se confundem em um único elemento: a internet.

O grande desafio seria não apenas incorporar modelos antigos a um novo método de comunicação, mas, com base em experimentos práticos, criar uma linguagem própria.

A ideia de uma linguagem própria para a internet não emana do pressuposto de uma reinvenção movida pelo desbravar de novas possibilidades, mas pelo entendimento de reforçar a construção de uma nova dinâmica condizente ao novo público.

Podemos citar três fases desse processo:

1. atualização do conteúdo didático sem a perda de matérias fundamentais;
2. adaptação aos novos recursos;
3. formato multimídia – aproximação do conteúdo para o formato internet.

2.4.3 Melhorar o ambiente escolar e acadêmico

Mais do que equipar a escola ou uma universidade com tecnologia de ponta, a proposta é criar um clima escolar favorável para tais ferramentas e para a interação.

Algumas melhorias que podem ser oferecidas no ambiente escolar são:

- relacionamento interpessoal entre professores e alunos, corpo gestor e docente e entre gestores e alunos;
- articulação entre os professores de diversas disciplinas;
- capacidade de liderança do gestor;
- funcionamento da organização com materiais e espaços adequados.

2.4.4 Propostas de ensino para o futuro

A respeito da condição atual do Brasil, Setúbal (2012, p. 1) afirma que:

> A Educação brasileira vive hoje o desafio de, ao mesmo tempo, solucionar problemas antigos e se adequar às demandas do futuro. O país ainda convive com falhas de infraestrutura como a ausência de bibliotecas, a raridade dos laboratórios de Ciências e o acesso ruim à internet. Outros problemas estão relacionados à desigualdade de condições entre escolas das zonas rurais e urbanas e entre unidades do centro e da periferia das grandes cidades.

Os problemas do passado impedem muitos dos avanços que poderiam ser alcançados. Esse atraso se revela nas discussões defasadas que atendem demandas conservadoras tradicionalistas que obstam o pleno desenvolvimento da educação.

A tradição tem valor por deixar evidentes as bases da qualidade do serviço prestado. Contudo, a educação não pode estar acorrentada a visões ultrapassadas e calcadas em viés religioso.

Parte do trunfo do Brasil como nação é sua diversidade. Vários países de primeiro mundo têm melhorado seus currículos educacionais implementando novas atividades e ideias com base na diversidade e no humanismo. O Brasil, porém, estacionou na discussão de *marxismo cultural* em razão de uma abertura de pensamento relacionado ao que se estuda nas universidades.

Ciências, tecnologia e outros aspectos técnicos e teóricos podem e devem fazer parte dos avanços e das propostas de ensino do futuro e do presente do Brasil.

Síntese

- O contexto social e político precisa ser considerado ao se formular e estudar quaisquer propostas de ensino para a educação básica e, principalmente, para o ensino superior.
- Cada período histórico contém aspectos indissociáveis que precisam ser compreendidos como discussões inerentes a seu tempo e que podem fornecer respostas valiosas para gerações futuras.
- Métodos que utilizam viés humanista têm cada vez mais espaço nas formulações de métodos de ensino,

ainda que a ciência e a tecnologia tenham espaço fundamental nas discussões do futuro do ensino.
- A discussão ética passou a revelar uma participação mais democrática ao criar uma importante participação entre métodos mais tradicionais e métodos que estão na vanguarda.
- A modernidade líquida foi um conceito indispensável para compreendermos todas as determinações modernas em relação à realidade vivida pelo homem e seu entendimento ético.

Organização escolar

3

Conteúdos do capítulo

- Organização educacional do Brasil ao longo de sua história.
- Desafios da educação diante da realidade brasileira.

Após o estudo deste capítulo, você será capaz de:

1. identificar a organização educacional do Brasil ao longo de sua história;
2. compreender a organização escolar;
3. elaborar um pensamento crítico em relação aos desafios da educação frente a realidade brasileira.

A educação é um bem primordial para o avanço de qualquer sociedade, implicando na formação consciente do ser humano para o exercício da cidadania. A educação é o caminho para o cidadão progredir. A história da educação está atrelada à história da humanidade, sendo garantida primeiramente pela família e pela escola, instituição que tem a função de garantir o acesso ao conhecimento, promovendo o desenvolvimento da criança e do jovem aluno, por meio de um processo de ensino e aprendizagem.

Para que a escola consiga exercer sua função, é necessário um engajamento de toda a sociedade na busca pela qualidade de ensino, auxiliando aqueles que estão à frente da gestão da educação, sejam da classe política, sejam professores e pedagogos.

As consequências das lacunas na formação básica e contínua se mostram por um conjunto de fenômenos sociais que são refletidos no abandono à educação, no aumento da pobreza, na falta de qualificação profissional, no analfabetismo funcional e no analfabetismo completo.

O Brasil carece de gestões que se mostrem realmente comprometidas com os princípios educacionais democráticos propostos por países mais desenvolvidos. Ademais, o gestor não pode mais se julgar dono dos recursos, do saber ou das decisões, tendo a obrigação de se aproximar da sociedade se dispondo a ouvir e buscando meios de vencer os desafios existentes no meio social, aceitando críticas, propondo soluções e reorganizando a forma de se ensinar nas escolas.

A escola passou a ser uma das maiores preocupações no país. A organização escolar foi desenhada de modo não satisfatório. A escola, em vez de corrigir as desigualdades, acabou reforçando-as, por meio de processos de seleção ou pela evasão escolar.

3.1 Organização educacional do Brasil ao longo de sua história

Os problemas educacionais vivenciados no Brasil não são novos, e a verdade é que vivemos em um país elitista, onde as camadas mais pobres da sociedade nunca foram alvo da educação, isso porque uma população com menor acesso à educação é sempre mais fácil de ser controlada.

Apesar de a Constituição garantir educação gratuita e de qualidade em todos os níveis de ensino, além da Lei de Diretrizes e Bases da Educação Nacional (LDB), que estabelece uma organização escolar moderna, as heranças da história da educação brasileira pesam até hoje em nosso cenário.

Intencionamos neste capítulo esclarecer a construção do cenário educacional brasileiro, desde o Brasil Colônia até os dias atuais, mostrando os motivos pelos quais enfrentamos uma evasão escolar tão grande, assim como os índices de analfabetismo e analfabetismo funcional existentes em nosso país.

3.1.1 Brasil Colônia

A organização escolar brasileira teve início com os jesuítas, que visavam à conversão dos povos nativos da América. Eles impuseram um modelo copiado da educação portuguesa para o aprimoramento da inteligência de um povo considerado como "bando de desocupados", "bárbaros". Esse modelo organizacional se pautava em disciplinas como gramática e retórica, era chamado de *método Trivum* e seguia as normas do Colégio de Évora de 1563 e da *Ratio Studiorum*, um manual pedagógico jesuíta do final do século XVI.

> De fato, os jesuítas empreenderam no Brasil uma significativa obra missionária e evangelizadora, especialmente fazendo uso de novas metodologias, das quais a educação escolar foi uma das mais poderosas e eficazes. Em matéria de educação escolar, os jesuítas souberam construir a sua hegemonia. Não apenas organizaram uma ampla 'rede' de escolas elementares e colégios, como o fizeram de modo muito organizado e contando com um projeto pedagógico uniforme e bem planejado, sendo o Ratio Studiorum a sua expressão máxima. (Sangenis, 2004, p. 93)

A intenção dos jesuítas era que, por meio de sua educação, tida como modelo correto, aquele povo considerado por eles como bárbaros se tornaria um povo justo, que conseguiria abandonar a barbárie e cumprir seu dever como homens civilizados, talvez conseguindo alcançar a salvação de Deus.

> A concepção pedagógica tradicional se caracteriza por uma visão essencialista de homem, isto é, o homem é concebido como constituído por uma essência humana e imutável. À educação cumpre moldar a existência particular e real de cada educando à essência universal e ideal que o define enquanto ser humano. Para a vertente religiosa, tendo sido o homem feito por Deus à sua imagem e semelhança, a essência humana é considerada, pois, criação divina. Em consequência, o homem deve se empenhar para fazer por merecer a dádiva sobrenatural. A expressão mais acabada dessa vertente é dada pela corrente do tomismo, que consiste numa articulação entre a filosofia de Aristóteles e a tradição cristã; tal trabalho de sistematização foi levado a cabo pelo filósofo e teólogo medieval Tomás de Aquino [...] E é justamente tomismo que está na base do Ratio Sudiorum [...] (Saviani *et al.*, 2004, p. 127)

Essa educação transmitida pelos Jesuítas não tinha muita ligação com a vida da elite na colônia, era considerada essencial para o preparo e aprimoramento da inteligência dos nativos, sem que houvesse uma utilidade econômica no ensino prestado. Temos que a economia colonial brasileira fundada na grande propriedade e não na mão de obra escrava teve implicações de ordem social e política bastante profundas. Ela favorece o aparecimento da unidade básica do sistema de produção, de vida social e do sistema de poder representado pela família patriarcal (Romanelli, 2001, p. 33)

Após a expulsão da ordem dos jesuítas, a educação passou a ser responsabilidade direta do Estado português, e a organização escolar da época passou a seguir diretrizes do Marques de Pombal, com professores nomeados diretamente pelo governo, dando um maior enfoque a preparação de uma elite necessária para atender os fins econômicos e políticos do Estado. Assim,

> as reformas pombalinas da instrução pública constituem expressão altamente significativa do iluminismo português. Nelas, se encontra consubstanciado um programa pedagógico que, se por um lado, representa o reflexo das ideias que agitavam a mentalidade europeia, por outro, traduz, nas condições da vida peninsular, motivos, preocupações e problemas tipicamente lusitanos. (Carvalho, 1978, p. 25)

Tratava-se de uma educação básica, rápida, mas considerada eficaz, necessária para preencher os anseios políticos e sociais do Brasil colonial. As elites locais que quisessem complementar os estudos de seus filhos, geralmente os enviava para Lisboa ou Coimbra.

Em 1800, nasceu uma importante exceção no âmbito educacional da colônia, o Centro de Educação do Seminário de Olinda. Nesse instituto, além da preservação dos estudos típicos voltados a filosofia e a religião, várias outras disciplinas passaram a ser ensinadas, sendo considerado um centro difusor de ideias liberais e maçônicas.

A vinda da família real para o Brasil trouxe alguns benefícios aos setores da educação, com o surgimento das Escolas de Medicina na Bahia e no Rio de Janeiro, a Academia Real Militar, a Biblioteca Real, e até mesmo a instituição, por meio de decreto, da aposentadoria para professores de filosofia.

Todavia, ainda faltava muito; mesmo com a instalação da família Real no Brasil, não se construíram universidades. As colônias espanholas estavam mais adiantadas. Apenas após a Proclamação da República que houve uma atenção mais direcionada à educação.

3.1.2 Brasil Império

Em 1824, com o advento da primeira Constituição Federal brasileira, ficou escancarada a falta de qualidade e a precariedade da educação do país, com professores ganhando baixíssimos salários, vivendo na miséria, como também a inexistência de recursos para garantia do ensino primário a todos.

A precariedade na educação era enorme, tanto que no ano de 1827, o Império brasileiro criou algumas medidas para solucionar essa situação. No dia 15 de outubro daquele ano houve significativas mudanças na organização educacional nacional, tornando a educação de base um dever do Estado. Esse dia ficou conhecido como *Dia dos Professores*.

Não obstante essas mudanças, o Brasil estava atrasado. Por diversos anos, as universidades tiveram um caráter meramente profissionalizante; não havia preocupação com pesquisas científicas; o saber para a vida e o senso crítico do aluno eram deixados de lado; além de a instrução educacional ser voltada apenas para a elite branca, e predominantemente caracterizada pelo sexo masculino. Outro grande problema era a má distribuição territorial das escolas, o que tornava a educação ainda mais deficitária em algumas regiões do país.

Isso perdurou por anos, até que na década de 1870, com a queda do Império brasileiro e a Proclamação da República, um grupo de professores lutou por uma proposta de reforma educacional, buscando modernizar a organização escolar deficiente da época. Foi proposta a implementação de um modelo educacional praticado na Alemanha, a qual superaria o modelo tradicional praticado e atenuaria os desafios encontrados na época.

Em 1879, verificou-se outra reforma de ensino, Reforma Leôncio de Carvalho, que visava, sobretudo, a conceder uma maior liberdade à inciativa particular no domínio da educação, para que, por esse meio, se incrementasse a abertura das escolas, que viessem remediar a situação de verdadeiro descalabro do ensino, naquela época, quando as estatísticas revelaram não ser superior a 2% da população do país o número se crianças matriculadas na escola. (Bello, 1965, p. 220)

No final do século XIX, chegou ao fim o Império, que já se mostrava decadente em seus projetos, sem conseguir responder aos anseios e necessidades do povo, que passava por problemas econômicos, sociais e políticos. O fim da escravidão não se reverteu em melhorias nas condições de vida da população negra, que não foi aceita na sociedade, sendo jogada à própria sorte, sem direito a uma lei que lhes amparasse, fornecesse educação, terras para produzir ou qualquer tipo de indenização.

3.1.3 Brasil República

A sociedade crescia e ansiava por mudanças, principalmente na educação. Os centros urbanos estavam cada vez maiores e, com isso, surgiram novas dificuldades para toda a população, incluindo a pobreza e a discriminação racial.

Os primeiros anos do novo regime não apresentaram condições favoráveis às reformas que todos consideravam urgentes no plano educacional. Em 1894, foi criado o Ministério da Instrução Pública. Naquela época havia, excetuando-se as crianças abaixo da idade escolar 67% de brasileiros totalmente analfabetos. A Constituição de 24 de fevereiro de 1891 baniu inteiramente o ensino religioso das escolas, bem como a assistência religiosa nos quartéis, nos hospitais e nas prisões, blasonando, no entanto da sua intenção de civilizar e moralizar o Brasil. (Peeters; Cooman, 1969, p. 146)

    Os negros, geralmente analfabetos, não conseguiam empregos na cidade e na maioria das vezes tinham de retornar à mesma situação de escravidão para não morrer de fome. O preconceito e a discriminação imperavam; aqueles que tentavam se manter na cidade ficavam pelas ruas, quando muito conseguiam morar em cortiços ou trabalhavam como empregados domésticos em troca de comida e teto. E o Estado se manteve de olhos fechados a tudo isso.

    O que sustentou a economia do Brasil da época foi o café. Nesse contexto, os cafeicultores dominaram a política brasileira, havendo a alternância entre representantes no governo de Minas Gerais e de São Paulo. Foi a chamada *política do café com leite* ou República Velha, que durou até 1930.

A quebra da bolsa de Nova York em 1929 afeta o mundo inteiro. No Brasil, desencadeia a crise do café, cujas consequências acabam sendo, de certa forma, benéfica, por provocar uma reação dinâmica, com o crescimento do mercado interno e a queda das exportações, o que resulta em maior oportunidade para a indústria brasileira. (Aranha, 2005, p. 195)

Essa crise obrigou o Brasil a investir no setor industrial, principalmente para atender às necessidades geradas pelo crescimento urbano desordenado, causada pela migração do homem do campo para oscentros urbanos. Essa época também foi marcada por um aumento da imigração de estrangeiros, destacando-se pela entrada de italianos e japoneses.

A industrialização brasileira promoveu diversos desafios, sendo um deles o desenvolvimento urbano, consequente dessa industrialização. Os desafios foram enormes, e com a educação não foi diferente; a população brasileira precisava urgentemente de formação educacional, principalmente porque o setor industrial e outros setores ligados à economia exigiam profissionais capacitados

A República brasileira passou a adotar ideias democráticas, pregava a liberdade, a igualdade e a fraternidade, ideais baseados na Revolução Francesa. Fazia propaganda de um novo Brasil, que oferecia diversos privilégios, porém, esses privilégios não estavam acessíveis à maioria da população;

consequentemente houve um aumento na pobreza, deixando a população menos abastada à margem de tudo, principalmente a educação.

Foi em meio a esse desespero que surgiram vozes pedindo reformas, inclusive na educação, buscando atender a formação de professores, expansão do número de escolas e reformulação dos modelos de organização disciplinar que já se encontravam defasados na época, exigindo uma nova estruturação nos setores educacionais. Infelizmente, muitas dessas reformas não obtiveram êxito, não resolvendo os problemas existentes no setor educacional da época.

> Todas essas reformas não ajudaram a educação a ganhar uma posição segura. Havia uma evidente discrepância entre as nossas necessidades educacionais e os métodos utilizados. Já então a massa de analfabetos preocupava seriamente, enquanto a política partidária interferia bastante, obstaculando o avanço necessário. (Niskier, 1969, p. 60)

O fim da Primeira República foi marcado pela tomada do poder por Getúlio Vargas, que, vendo a necessidade de o Brasil produzir mão de obra especializada, fez grandes investimentos no mercado interno, na produção industrial e na educação brasileira. Era evidente que, para atender à demanda de mão de obra, foi preciso primeiramente capacitar pessoal; por isso, Vargas logo extinguiu o Ministério da Justiça e Negócios Interiores, que detinha a pasta da educação, e criou, por meio de decreto, o Ministério da Educação e Saúde Pública. Assumiu a pasta Francisco Campos, que logo buscou organizar o ensino secundário e as universidades, que eram praticamente inexistentes.

> Esta reforma pôs fim ao monopólio do Estado e estabeleceu as condições para reconhecimento de estabelecimentos particulares. Quanto aos programas eram de extensão exorbitante, muito acima da capacidade normal de adolescente. O ginásio abrangia cinco séries. Deu ao estudo das humanidades clássicas um lugar totalmente insignificante, e uma preponderância enorme à técnica e às ciências exatas. (Peeters; Cooman, 1969, p. 149)

Ainda em 1932, foi publicado um manifesto dos Pioneiros na Educação Nova, assinado por 26 educadores.

> O documento defende a educação obrigatória, pública, gratuita e leiga como um dever do Estado, a ser implantada em programa de âmbito nacional. Critica o sistema dual, que destina uma escola para os ricos e outra para os pobres, reivindicando a escola básica única. (Aranha, 1996, p. 198)

Em 1934, com a promulgação da segunda Constituição Republicana por Getúlio Vargas. Dessa vez, a educação foi contemplada como um direito de todos, devendo ser ministrada tanto pela família quanto pelo Poder Público.

Vargas se aproveitou das instabilidades sociais para dar um golpe de estado, instalando o chamado *Estado Novo* e outorgando uma nova Constituição, com a justificativa de que era para evitar o que ele chamava de *perigo vermelho*, uma onda comunista que, diziam, ameaçava o país.

No que diz respeito à educação, Vargas manteve os principais pontos da Constituição de 1934, continuando com o plano de traçar diretrizes da educação e fixar o plano nacional da educação.
No entanto, essa nova constituição ressaltava o ensino pré-vocacional e profissional, consagrando a gratuidade e a obrigatoriedade do ensino primário, mas determinava que o ensino técnico se destinava apenas às classes menos favorecidas.

Por meio da Constituição de 1937, às classes mais abastadas se reservou o ensino e, por ventura, os trabalhos intelectuais. Já para os desfavorecidos estavam destinados os trabalhos manuais, mediante o ensino profissionalizante. Com a organização escolar da época obstava a ascensão social, estagnando o Brasil e derrubando as conquistas promovidas pela Constituição de 1934.

Em 1942, o então ministro da Educação Gustavo Capanema fez uma reforma em alguns ramos da educação, por meio das Leis Orgânicas do Ensino, ou apenas Lei Capanema, e criou o Serviço Nacional de Aprendizagem (Senai). Essa lei respondeu às aspirações de uma corrente que desejava a volta do ensino clássico, formador de personalidades.

Infelizmente, forças contrárias à Lei Capanema fizeram o possível para reduzir as inovações que esse instrumento legal propunha. Nos mais variados lugares surgiam colégios e ginásios, os quais, sem muita estrutura, acabavam se tornando um problema, gerando uma crise na educação e deixando professores bem-preparados desempregados e jovens carentes de formação cultural.

De 25 de setembro a 4 de outubro de 1943, aconteceu a I Conferência de Ministros e Diretores de Educação das Repúblicas Americanas em Havana, Cuba. O Brasil e os Estados Unidos estabeleceram, por meio do Office of Inter-American Affairs, convênio em favor do Ensino Industrial Brasileiro, assinado em 3 de janeiro de 1946 e, entrou em vigor em 3 de setembro de 1946, pelo Decreto-Lei 9.724.

> O programa foi atacado nos E.U.A. por ser uma forma de transferir recursos para o resto do mundo e criticado por brasileiros, por ser uma intervenção estrangeira no nosso país representando uma ameaça à nossa independência. [...] O acordo entre o Ministério da Educação e Cultura, e o The Office of Inter-American Affairs, representava um alto investimento para os dois países, porém, altamente rentável para as partes contratantes. A totalidade dos investimentos deveriam ser gastos no período de vigência do acordo, que era

de setembro de 1946 a 30 de julho de 1948. Tendo em os grandes avanços, o acordo foi prorrogado em 1948, pela primeira e, diversas [sic] vezes até 1963. O órgão responsável para a execução do programa ficou a cargo da Diretoria de Ensino Industrial, cujo diretor era o Dr. Francisco Montojos, quanto à parte americana representada por John B. Griffing da Inter-American Foundation. (Oliveira; Leszczynski, 2005, p. 6)

Em 18 de setembro de 1946, foi promulgada a quarta Constituição do Brasil. Esta foi considerada a mais democrática que o país teve, mas ainda havia muitos aspectos conservadores. Essa Constituição não deixou de ser ilegal, pois, após sua redação, foi imposta sem nenhuma participação popular.

A Constituição de 1946 foi um instrumento notável de democratização do ensino, tendo sido marcada pela preocupação de servir à educação e aos ideais de liberdade, o que se pode explicar por dois fatos marcantes: ela foi celebrada logo após o término da ditadura de 15 anos e o final da II Guerra Mundial, em que o Brasil se empenhou para defender a democracia. Nela se inspirou a Lei de Diretrizes e Bases da Educação nacional, que foi aprovada em dezembro de 1961, depois do que convencionou chamar de "guerra dos 13 anos", que foi o tempo de sua discussão no Congresso Nacional. (Niskier, 1969, p. 71)

Com a promulgação da Constituição, teve início uma reforma da organização escolar, que colocou em prática as propostas trazidas pela nova Constituição. Nos anos seguintes, não houve tantas novidades para a educação brasileira, que continuava restringindo as atividades intelectuais às classes mais abastadas.

Em 1961, em meio ao caos político, surgiu a Lei de Diretrizes de Bases da Educação Nacional, Lei n. 4.024, conhecida como LDB, que já tramitava há mais de 13 anos no Congresso Nacional. Essa lei determinava que a educação era um direito que deveria ser assegurado pelo Poder Público. A LDB reforçou a ideia de que o ensino primário era obrigatório a todos, e outra importante diretriz foi a abertura de precedentes para expansão da iniciativa privada na educação em todo o país.

Ainda na década de 1960, surgiu o Programa Nacional de Alfabetização e o Plano Nacional de Educação, que seguiam propostas de metodologia de autoria de Paulo Freire, em seu Movimento Cultura Popular, o qual foi iniciado na cidade do Recife e consolidado no Estado do Rio Grande do Norte, em 1962.

O método proposto por Paulo Freire estava dando certo ao ponto de ser aplicado em todo o Brasil, com apoio inclusive do governo federal. Esse método previa a instauração de 20 mil círculos de cultura, segundo defensores desse método, e seria exemplar no combate ao analfabetismo no Brasil, prometendo seu fim.

3.1.4 Regime Militar

Em 1964 com o Golpe Militar, o método Paulo Freire caiu por terra, seus idealizadores foram perseguidos ou foram exilados em outros países. A postura ideológica se tornou motivo de perseguição pelos militares, multidões se viram obrigadas a camuflar seus ideais. Essa época ficou conhecida como *Anos de Chumbo*.

O método Paulo Freire foi substituído pelo Movimento Brasileiro de Alfabetização (Mobral) e prometia uma reorganização da estrutura escolar que seria efetiva no combate ao analfabetismo. Esse método, no entanto, não foi bem-sucedido, mostrando-se um grande engodo, pois na verdade tinha o objetivo de dissimulação da política conservadora de direita.

O golpe militar, perseguindo sempre os chamados *ideais comunistas*, derrubou a maioria das propostas de se levar a educação brasileira a um patamar especial e inovador, utilizando sempre as escusas de serem propostas subversivas e comunistas.

A organização escolar da época sofreu com medidas conservadoras, tendo olheiros nas instituições, perseguindo professores, invadindo universidades, inúmeros professores, famílias e estudantes foram presos ou mortos, fazendo calar diversos segmentos da sociedade brasileira.

O Ministro da Educação e Cultura do regime de 1964, Roberto de Oliveira Campos, defendia uma educação elitista. Em sua proposta, o ensino secundário profissionalizante deveria atender às camadas mais pobres, ao passo que o ensino superior atenderia às elites, impedindo-os de concorrer com as elites no ensino superior.

A propaganda foi a arma mais forte do regime, que enganava a população e tornava as decisões arbitrárias em decisões acertadas, e afirmava que o regime fazia o Brasil caminhar para o *status* de potência econômica.

Mais tarde, por determinação do presidente general Costa e Silva, foi formado um grupo para mudar o estabelecido na LDB de 1961, definindo novas diretrizes para a reforma universitária.

> A reforma extingue a cátedra, unifica o vestibular e aglutina as faculdades para a melhor concentração de recursos materiais e humanos, tendo em vista maior eficácia e produtividade. Institui também o curso básico para suprir as deficiências do segundo grau e, no ciclo profissional, estabelece cursos de curta e longa duração. Desenvolve ainda um programa de pós-graduação. (Aranha, 2005, p. 214)

Apesar da truculência do governo, houve resistência e descontentamento da mídia e da população, que corajosamente enfrentaram o regime, fazendo os militares aprovarem várias leis repressivas a manifestações, os chamados Atos Institucionais.

Em dezembro de 1968, foi promulgado o AI–5, a mais violenta das medidas do governo. O AI-5 devolveu ao presidente da República, por tempo indeterminado, os poderes para cassar mandatos e suspender os direitos políticos; demitir ou aposentar funcionários públicos; intervir nos estados e municípios; e fechar provisoriamente o Congresso Nacional. (Figueira, 2005, p. 379)

Em 17 de outubro, após dois anos da edição da quinta Constituição, surgiu a Emenda Constitucional n. 1, que reservou ao setor educacional a manutenção da gratuidade e obrigatoriedade do ensino primário nas instituições oficiais. Contudo, houve uma mudança relativa à possibilidade de cobrar pelo ensino médio ou substituir a gratuidade por bolsas de estudo restituíveis. O ensino religioso foi mantido para os graus primário e médio.

> Que a intenção da ditadura em "educar" politicamente a juventude se revela no decreto-lei baixado pela Junta Militar em 1969, que torna o ensino de Educação Moral e Cívica obrigatório nas escolas em todos os graus e modalidade de ensino. No final do grau médio a denominação muda para Organização Social e Política Brasileira (OSPB) e no curso superior, para Estudos de Problemas Brasileiros (EPB). Nas propostas curriculares do governo transparece o caráter ideológico e manipulador dessas disciplinas. (Aranha, 2005, p. 211)

Após a saída dos militares do poder, o Brasil pôde finalmente traçar planos para a redemocratização da educação, mas infelizmente os rastros da ditadura perduraram; por isso, a instalação de uma Nova República seguiu a passos lentos.

3.1.5 Constituição de 1988

Não faltavam propostas voltadas para a educação, mas infelizmente grande parte delas propunham uma orientação privatista, e eram poucos os grupos que defendiam uma educação pública de qualidade. Mesmo assim, a outorga da Constituição de 1988 viabilizou dispositivos importantes para a educação como um todo, oferecendo igualdade de condições para o acesso e a permanência na escola, tudo com o incentivo e a colaboração da sociedade, que teria como responsabilidade a fiscalização e a participação direta e indireta na qualificação e no exercício da cidadania, visando sempre ao desenvolvimento pleno da pessoa.

É inegável que a Constituição promoveu inúmeros avanços, principalmente na educação, moldando e organizando as escolas para atender a todos, extinguindo as diferenças entre as classes mais pobres e as elites; além disso, logo que promulgada a Constituição, foi discutida uma nova LDB, já que as leis anteriores haviam se tornado obsoletas.

O senador Darcy Ribeiro propôs outro projeto, com
o apoio do governo e do ministro da Educação,
por considerar que o substitutivo anteriormente
apresentado, entre outros defeitos, era muito detalhista
e corporativista (isto é, interessado em defender
determinados setores). (Aranha, 2005, p. 224)

A LDB foi sancionada em 1996 pelo governo Fernando
Henrique Cardoso, baseando-se no princípio do direito
universal a educação, apresentando também a inclusão
da educação infantil através das creches e da pré-escola,
como a primeira etapa da educação básica.

Trata-se de uma Lei "enxuta", "minimalista", que pouco
diz sobre questões essenciais da educação, mas que
deixou abertas muitas brechas para serem preenchidas
em momentos oportunos, fazendo jus ao princípio do
Estado mínimo neoliberal. Uma das questões tratadas
na LDB, e que reflete diretamente o caráter limitador
da "democracia" brasileira, foi a manutenção da
exclusão do setor privado com relação ao cumprimento
do princípio constitucional da gestão democrática,
numa medida que se preocupava em fazer concessões
aos fortes *lobbies* dos representantes dos interesses
privados, em sua ânsia pelo lucro. No mais, ao definir
(pobremente) os termos da gestão democrática da
escola pública, a LDB pouco fez além de repetir a
Constituição, isto é, manteve o caráter genérico das
medidas (remetendo-as aos sistemas de um ensino
para as suas definições), apenas afirmando mecanismos

óbvios de participação e limitando o tipo de participação da comunidade nas instâncias decisórias, que sequer são mencionadas. (Minto, 2006, p. 13-14)

A LDB/1996 foi revolucionária, contribuiu para o desenvolvimento da educação destacando que as atividades da educação escolar, em todos os níveis, devem seguir na mesma direção, ou seja, privilegiando sempre o desenvolvimento humano.

Contudo, apesar de todos os avanços contidos nos textos legais, não houve um real interesse dos gestores em colocar em prática seus dispositivos. A sociedade ainda não faz a cobrança de medidas que adequem os textos legais à realidade e à necessidade enfrentadas no cotidiano, ainda não existe uma preocupação efetiva com a educação, que merece ocupar um lugar de destaque na sociedade.

Desde a chegada dos portugueses, do Brasil Colônia ao Brasil Império, e posteriormente da República até os dias atuais, a preocupação com a educação nunca foi universal. Aliás, apesar de a Constituição garantir a educação universal, na prática persiste a preocupação em educar com qualidade as classes mais abastadas, deixar à própria sorte e ao abandono as classes mais pobres. O Brasil passou por diversas estruturações em sua educação, ganhando destaques em determinadas épocas, mas imperando o sombrio desinteresse por parte dos que aqui governaram, praticando o preconceito social, derrubando medidas efetivas, prejudicando o desenvolvimento de toda a nação brasileira.

Exercício resolvido

O índice de analfabetismo no Brasil ainda é grande, e existem inúmeras razões para as pessoas não frequentarem a escola ou desistirem dos estudos. Como justificar os elevados quadros de analfabetismo brasileiro nos dias de hoje, levando em consideração todo o histórico educacional no país desde o Brasil Colônia até os dias atuais?

a) A política brasileira segue sempre um modelo elitista de educação, preocupando-se muito mais com as classes mais abastadas, fechando muitas vezes os olhos para as classes mais pobres. Um exemplo disso é que nem sempre a educação básica foi gratuita, e quando foi, os investimentos eram menores do que deveriam ser, deixando diversas cidades com poucas escolas públicas ou mesmo sem nenhuma, não conseguindo suprir a demanda dos alunos. A cultura brasileira sempre foi marcada por uma situação em que as classes mais pobres tinham de trabalhar para sobreviver, enquanto que a educação se reservava sempre às classes mais abastadas.

b) As políticas de incentivo à educação sempre foram muito efetivas em nosso país. Ainda no período do Brasil Colônia, os povos nativos e os brasileiros descendentes de colonos tiveram educação de qualidade. O Brasil sempre demonstrou grande preocupação com a educação inclusive enviando brasileiros a Coimbra, para concluir suas formações intelectuais.

c) As políticas brasileiras sempre buscaram melhorias na educação; infelizmente o povo brasileiro não tinha interesse em formação intelectual, preferindo sempre os trabalhos manuais, os quais lhes proporcionava muito mais dinheiro.

d) O povo brasileiro é o maior responsável pelo analfabetismo presenciado no país, já que em diversas situações poderia reivindicar educação de qualidade e não o fizeram, a exemplo do regime militar de 1964.

Gabarito: a
Feedback: O brasileiro mais pobre nunca foi foco das políticas de educação, sendo estas reservadas sempre às classes mais abastadas. A única Constituição que se preocupou com a universalização do ensino, desde o básico ao superior, foi a promulgada em 1988.

3.2 Organização escolar em foco

A organização escolar, em cadeia, influencia diretamente todas as outras áreas da sociedade, já que a escola é a responsável por modelar o pensamento humano.

Com o advento da Constituição de 1988 e da LDB, a educação brasileira recebeu um novo olhar, uma preocupação com a universalização da educação. Por outro lado, tem sido preciso lidar com desafios encontrados na atualidade, que exigem daqueles que fazem parte da organização das escolas medidas que sejam benéficas e que despertem no aluno o interesse pela educação.

3.2.1 Conceito de organização escolar

Organização escolar é uma entidade social dirigida à consecução de determinados fins e preocupada com a ação eficiente do aprendizado. Levando em consideração a dificuldade em sua conceituação, a singularidade do universo escolar e a complexidade de fatores que afetam a compreensão de estudos, usamos a definição de Hall, a seguir, como referência para nossa reflexão sobre os gestores escolares no contexto organizacional da escola.

> Uma organização é uma coletividade com uma fronteira relativamente identificável, uma ordem normativa, escalas de autoridade, sistemas de comunicações e sistemas de coordenação de afiliação; essa coletividade existe numa base relativamente contínua num ambiente que se compromete em atividades que estão relacionadas, usualmente, com um conjunto de objetivos. (Hall, 1984, p. 23)

A organização escolar pode ser compreendida como modelo de ensino em que os alunos se organizam em determinado espaço, em que ficarão diante de uma figura de autoridade educacional, que é o professor, responsável pela gestão das atividades em sala de aula.

A organização da escola e as ações dos agentes de ensino expressam para os alunos o significado de ambiente escolar, já que os levam a distinguir um ambiente de envolvimento e correspondência com os processos pedagógicos de um ambiente confuso e sem parâmetros, carente de elementos viabilizadores da formação acadêmica.

? O que é?

O sistema de organização escolar refere-se ao conjunto de normas, diretrizes, estrutura organizacional, ações, procedimentos e condições concretas que garantam o bom funcionamento da escola e da sala de aula, tendo em vista a aprendizagem e o desenvolvimento do aluno. Saiba mais em:

SOUZA, R. de O. **O sistema de organização e gestão da escola pública**. Disponível em: <http://www.redemebox.com.br/index.php?option=com_content&view=article&id=27313:o-sistema-de-organizacao-e-gestao-da-escola-publica&catid=317:309&Itemid=21#:~:text=O%20SISTEMA%20DE%20ORGANIZA%C3%87%C3%83O%20ESCOLAR&text=As%20quest%C3%B5es%20de%20organiza%C3%A7%C3%A3o%20e,e%20o%20desenvolvimento%20do%20aluno>. Acesso em: 15 dez. 2021.

A gestão escolar atual deve ser pautada nos dispositivos contidos na Constituição Federal e na

LDB/1996, além de realizar um esforço integrado e compartilhado entre todos os agentes da esfera educativa e da sociedade como um todo.

É preciso compreender que a gestão não se resume a ações de ordem administrativa no interior da escola. Esta está diretamente ligada a outras instâncias, configurando uma hierarquia de poderes, em que cada um, em sua função, deve ter o aluno como prioridade, atentando-se a suas dificuldades em sala de aula, seus interesses educacionais etc.

O aluno está presente no processo democrático, participando das decisões, e isso requer aprendizagem, o que representa um dos desafios enfrentados pela escola, a qual, percebendo sua mudança de papel, não pode mais considerar a aprendizagem de conteúdos o único objetivo a ser alcançado. O espaço da sala de aula sofre mudanças para que o aluno adquira habilidades de participação.

É preciso que todos esses agentes, bem como a sociedade, percebam a importância do compromisso com a melhoria do ensino, tornando a escola um centro de cidadania e respeito, um espaço para o desenvolvimento do pensamento crítico.

Diante disso, cabe ao Conselho Nacional de Educação (CNE) e ao Conselho de Controle Social, segundo suas atribuições, a busca constante pelo diálogo entre o Estado e setores que contribuem para a qualidade escolar, abordando democraticamente as peculiaridades do sistema adotado atualmente, buscando sempre seu aperfeiçoamento.

Conforme comentamos, a organização escolar no Brasil sofreu diversas mudanças, em que, na maior parte do tempo, teve uma realização voltada para as elites, tornando-se aos poucos acessível a outras classes sociais.

3.2.2 Estrutura escolar brasileira

Atualmente, no Brasil, o sistema de organização escolar é formado por níveis de aprendizado: (1) a educação infantil, que pode ser realizada por escolas ou creches – normalmente são atendidas crianças de 0 a 3 anos em creches, e as de 4 a 6 anos na pré-escola; (2) educação fundamental, antes chamada de *educação primária básica*, que vai do 1º ao 9º ano, tendo um período mínimo de duração de 9 anos, podendo ser oferecida gratuitamente pelo Estado ou por escolas particulares; (3) educação média, mais conhecida como *ensino médio*, que compreende três anos, tendo como função a preparação para o ensino superior e para programas de preparação geral para o mercado de trabalho, conhecidos também como cursos tecnólogos.

Para além dessa divisão, há a educação superior, que se refere aos estudos das áreas profissionais em áreas humanas, biológicas e exatas, e compreende, além da graduação, os títulos de pós-graduação, que podem ser as especializações *lato sensu* e *stricto sensu*, este último dividido em mestrados, doutorados e pós-doutorados.

3.2.3 Gestão escolar

Na gestão e administração escolar, há a figura do diretor, hierarquicamente o posto mais alto, sendo o ponto-chave do sistema educacional. No nível seguinte estão os administradores, pessoas responsáveis por administrar toda a estrutura escolar, tornando o ambiente organizado. Já os gestores, figuras propostas pela LDB/1996, são aqueles que respondem dinamicamente aos desafios de ordem pedagógica, buscando a aproximação da escola com a sociedade, utilizando todos os meios para tornar a escola um local atrativo para a criança ou o jovem.

A estrutura da gestão escolar pode ser ilustrada por uma pirâmide, com a gestão no topo, seguida da gestão intermediária e da gestão operacional. Na gestão de topo, está o conselho geral, a direção da escola, o conselho pedagógico e o administrativo, e é nela que são discutidas ações e políticas referentes a toda a estrutura escolar bem como a sua organização.

Por seu turno, a gestão intermediária é responsável por delinear prioridades e estratégias para atender à comunidade educativa, coordenando as atividades dos professores e dos alunos, buscando dinamizar atividades e colaborando diretamente com a gestão de topo.

À gestão operacional cabe a prestação dos mais diversos serviços que estruturam o bem-estar escolar, desde limpeza, alimentação, procedimentos diversos, recepção de pais e alunos e diversas outras funções.

Essa tríade da gestão escolar faz parte da organização escolar, tornando o ambiente o mais adequado possível para a prática de atividades que desenvolvam o intelecto do alunado.

Ocorre que infelizmente a gestão escolar não funciona como deveria, principalmente nas escolas públicas, deixando a desejar em um ou mais patamares da pirâmide de gestão, sendo necessário um olhar atento a todas essas situações.

Essa estrutura é um sistema eficaz de formação social, mas ela ainda encontra diversas dificuldades em nossa sociedade. Um de seus grandes desafios é que esse sistema não atrai de maneira efetiva o aluno, e muitos atribuem isso a uma aproximação da organização escolar com a organização empresarial, cheia de funcionalidades, concepções objetivas e um sistema burocrático.

A organização do trabalho pedagógico busca sempre a democratização do ensino, tornando-o atrativo a todas as camadas sociais, mas ainda falta o interesse no diálogo efetivo para que o sistema de organização escolar seja aperfeiçoado e a LDB n. 9.394/1996 abre espaço para tanto:

> Art. 3º O ensino será ministrado com base nos seguintes princípios: (...)
>
> VIII – Gestão do ensino público na forma da Lei e da legislação dos sistemas de ensino; (...)

Art. 12. Os estabelecimentos de ensino, respeitadas as normas comuns e as de seu sistema de ensino, terão a incumbência de:

I – elaborar e executar sua proposta pedagógica; (...)

Art. 14. Os sistemas de ensino definirão as normas de gestão democrática do ensino público na educação básica, de acordo com as suas peculiaridades e conforme os seguintes princípios:

I – participação dos profissionais da educação na elaboração da proposta político-pedagógica da escola;

II – participação das comunidades escolares e locais em conselhos escolares ou equivalentes. (Brasil, 1996)

A gestão democrática indicada pela LDB deve ser interpretada como uma construção social, concebendo a escola como uma organização pertencente a sociedade e não como uma organização burocrática. Logo, ela deve ser inserida em contextos culturais, locais, formando uma identidade própria.

Exercício resolvido

Considerando os estudos realizados e expostos em relação a estruturação e organização escolar, é correto afirmar que:
a) a estrutura escolar é dividida em ensino infantil, também conhecido como *pré-escola*, ensino básico e ensino profissional.

b) a escola deve se adequar em sua totalidade à realidade fática, buscando por meio da gestão escolar aproximá-la da sociedade, para se buscarem meios de vencer os desafios da evasão escolar.

c) a escola deve intervir totalmente na vida do aluno; o correto seria que no Brasil a educação fosse apenas função da escola.

d) a organização disciplinar e a estruturação presentes na escola são modernas, mostrando-se suficientes para o combate ao analfabetismo

Gabarito: b
Feedback: Para vencer os desafios impostos ao Brasil de hoje, a escola deve estar mais próxima à família e à sociedade, onde todos desempenham um papel importante para a formação do aluno.

3.3 Desafios da educação na realidade brasileira

Um dos problemas enfrentados pela sociedade brasileira, além da pobreza, é a grande evasão escolar. A estrutura atual de ensino não desperta o interesse do jovem, que acaba encontrando outras formas de adquirir renda.

A educação deixou de ser interessante a diversos jovens brasileiros, que encontram dificuldades na organização educacional atual e acabam evadindo. Isso eleva os índices de analfabetismo, analfabetismo funcional, acentuando, por conseguinte, índices de desigualdade, entre outros problemas advindos da precariedade da educação.

3.3.1 Analfabetismo *versus* analfabetismo funcional

A negligência no cuidado das camadas mais pobres foi um dos principais fatores que levaram ao analfabetismo no Brasil. Somam-se a esse elemento a globalização, a falta de oportunidades e o inchaço dos grandes centros urbanos.

> Do ponto de vista dos valores, a ética exprime a maneira como a cultura e a sociedade define para si mesmas o que julgam ser a violência e o crime, o mal e o vício e, como contrapartida, o que consideram ser o bem e a virtude. Por realizar-se como relação intersubjetiva e social a ética não é alheia ou indiferente às condições históricas e políticas, econômicas e culturais da ação moral. (Chauí, 2003, p. 17)

Como se não bastasse o analfabetismo imperando entre as camadas mais pobres, existe o chamado *analfabetismo funcional*, que ocorre, entre outras situações, quando o jovem, mesmo na escola, não tem interesse pela leitura e não consegue absorver aquilo que estuda, aquilo que lê, chegando muitas vezes ao ensino superior com dificuldades que poderiam ser sanadas na educação básica.

A organização escolar brasileira segue um modelo parecido com o de vários países, porém esse modelo parece não se adaptar às camadas menos favorecidas, não tendo êxito na formação de jovens.

Muitas vezes as dificuldades do setor educacional são usadas como manobra política, apresentando-se em propagandas eleitorais as dificuldades e um conjunto de soluções. Contudo, quando os grupos políticos chegam ao poder, raramente colocam essas soluções em prática e, se o fazem, é de forma malfeita. A sociedade como um todo ainda guarda um olhar discriminatório, sem se importar de fato com a qualidade da educação pública, que não consegue se livrar do sucateamento.

Os professores continuam mal remunerados, a gestão escolar segue sendo arcaica, sem se preocupar com os diversos problemas enfrentados pelo jovem, os quais tendem a se afastar das escolas. O problema que vivemos na educação brasileira é de cunho político e pedagógico, fato que justifica a implementação de projetos político-pedagógicos claros e consistentes.

> O projeto busca um rumo, uma direção. É uma ação intencional, com um sentido explícito, com um compromisso definido coletivamente. Por isso, todo projeto pedagógico da escola é, também, um projeto político por estar intimamente articulado ao compromisso sociopolítico com os interesses reais e coletivos da população majoritária. É político no sentido de compromisso com a formação do cidadão

para um tipo de sociedade. Na dimensão pedagógica reside à possibilidade da efetivação da intencionalidade da escola, que é a formação do cidadão participativo, responsável, compromissado, crítico e criativo. Pedagógico, no sentido de definir as ações educativas e as características necessárias às escolas de cumprirem seus propósitos e sua intencionalidade. (Veiga, 2004, p. 13)

Além de todos esses fatores externos, existem os internos, entre os quais destaca-se a metodologia adotada para avaliação de conhecimento dos alunos. Este ainda apresenta, em muitos casos, um modelo burocrático, em que a aprendizagem é um processo que visa à aquisição de consideráveis graus de conhecimento e habilidades.

Avaliar o aluno é uma tarefa difícil, pois existem fatores internos e externos que podem requerer um cuidado médico, psicológico ou pedagógico para o qual o Estado e a população não estão preparados para fornecer. O resultado disso é mais evasão escolar e repetência de disciplinas.

> A escola, como lócus da educação sistematizada, não pode passar ao largo do próprio conceito de educação em sua inteireza, enquanto apropriação da cultura. Esta tem a ver com a própria concepção de homem que constrói sua especificidade e se constrói como ser histórico à medida que transcende o mundo natural pelo trabalho. (Paro, 1997, p. 60)

Ainda para Paro (1997, p. 61) "a escola, então, ao prover educação, precisa tomá-la em todo o seu significado humano, não em apenas algumas de suas dimensões". Por isso, a escola pública não consegue alcançar esses objetivos, pelo fato de não oferecer conhecimentos necessários para a construção de seres humanos críticos.

A qualidade no ensino bem como sua humanização podem ser consideradas fatores-chave para o combate à evasão escolar, bem como para o melhor desempenho do aluno, diminuindo os quadros de repetentes nas mais variadas disciplinas da grade escolar.

É necessário atrair o aluno e assumir a tarefa de fazer do conhecimento algo de seu interesse; por esse motivo, a humanização é fator tão importante para superar esses desafios. Assim, o aluno que quer aprender dependerá muito menos da competência das escolas.

A escola pública precisa ser, além de competente, sedutora, pois o aluno precisa ser despertado para o desejo de aprender, sendo respeitado também seu contexto e experiência de vida externa à escola. Esse equilíbrio entre os fatores externos e internos alcançado com a participação efetiva dos gestores escolares, da sociedade e do Estado pode ser determinante para a educação.

3.3.2 Medidas de combate à evasão escolar

Convém citarmos também as medidas positivas tomadas pelo Estado ao longo dos anos. Sempre se pautando pela Constituição Federal e pela LDB/1996, o Ministério da Educação (MEC) tem desenvolvido estratégias em parceria com os demais órgãos do governo federal, estadual e municipal com vistas à diminuição da evasão escolar e para aumentar a quantidade de jovens de classes menos favorecidas no ensino superior.

> [...] a participação só é efetiva quando as pessoas que são chamadas a participar são colocadas em condições adequadas para tal [...], pois não parece possível um sujeito participante avaliar o trabalho desenvolvido na escola se não tem acesso às informações que lhe permitam produzir tal avaliação. (Souza, 2009, p. 135)

Uma das soluções encontradas pelo governo no combate ao analfabetismo e à evasão escolar foi acriação de auxílios sociais, a exemplo do "bolsa escola". A intenção era estimular as famílias a matricularem seus filhos nas escolas, tendo que, em contrapartida, comprovar presença destes nas aulas. Aos gestores cabia garantir a merenda escolar.

Outra medida adotada para atrair o aluno foram as ações de integração do estudante no ensino superior pelo sistema de cotas. Por esse programa, os alunos de escola pública, bolsistas em escolas particulares e negros têm direito a vagas nas universidades públicas do país. O Programa Universidade para Todos (Prouni) possibilitou ao aluno entrar em faculdades particulares sem ter de arcar com o pagamento de mensalidades (ou pagando percentuais menores) as quais serão custeadas pelo Estado.

O Ministério da Educação, ainda na busca de uma melhoria do sistema educacional, tornou o Exame Nacional do Ensino Médio (Enem) o requisito principal para a entrada no ensino superior, universalizando a prova e contextualizando-a, o que a tornou mais dinâmica e atrativa aos alunos.

Essas medidas diminuíram muito a evasão escolar, dando aos jovens e a suas famílias uma perspectiva de futuro, aproximando-os da formação educacional superior. Todavia, ainda assim o combate está longe de acabar, os desafios ainda são muito grandes, e a estrutura organizacional da escola precisa ser modernizada e humanizada.

3.3.3 Plataformas digitais e a Covid-19

A sociedade já demonstrou diversas vezes que pode se aproveitar das novas tecnologias para a dinamização da educação, propondo soluções efetivas, agradáveis e sedutoras ao aluno. O uso de plataformas, como o YouTube, para divulgação de conhecimentos se mostrou algo inovador e possibilitou que mais pessoas tenham acesso a conteúdos mais diversos.

Exemplificando

A pandemia da Covid-19 representou um grande desafio para a educação. Uma solução encontrada foram as aulas *on-line*, correspondendo a uma mudança na organização estrutural das aulas. Essa organização precisou ser pensada e colocada em prática para evitar a paralisação nos estudos, que redundaria em defasagem do aprendizado das crianças e dos jovens.

Se a sociedade buscar soluções criativas e efetivas, chegará a resultados e meios de integração das crianças e dos jovens na escola, conseguindo obter resultados satisfatórios. No caso da pandemia, por mais que as aulas ministradas nas plataformas *on-line* tenham sido muito criticadas por alguns, elas foram uma alternativa eficaz de combater a paralisação obrigatória promovida pela disseminação do vírus. Isso se deu não apenas na educação básica, mas também na educação superior, principalmente nos cursos de pós-graduação.

Ainda assim, a sociedade terá de enfrentar muitos desafios no pós-pandemia. Frear a educação significa frear toda a sociedade, que terá de buscar medidas para minimizar os problemas gerados pela pandemia. Apesar de todos os abalos econômicos a que os países foram submetidos, os investimentos em educação devem ser mantidos, quiçá aumentados.

Conforme a Organização das Nações Unidas para a Educação, a Ciência e a Cultura (Unesco), a natural queda na aprendizagem poderá alastrar-se por mais de uma década se não forem criadas políticas públicas que invistam em melhorias de infraestrutura, tecnologias, formação, metodologias e salários, além do reforço da merenda, melhor aproveitamento do tempo, tutoria fora do horário usual das aulas e material adicional, quando possível (Unesco, 2021).

Se os princípios elencados para a gestão escolar fossem seguidos da forma como o legislador imaginou, teríamos um grande avanço na superação das falhas observadas na gestão escolar da atualidade. Certamente, teríamos uma escola participativa, com decisões socializadas, atraindo o jovem e desenvolvendo sua capacidade crítica de pensar, questionar, decidir e criar junto aos professores, abandonando aquele caráter de espaço regido pela figura do professor que vai moldar profissionais para atuar no mercado.

Essa libertação do poder político burocrático, imposto às unidades escolares pelas estruturas ultrapassadas, requer compromisso, competência e vontade dos educadores para ocupação desses espaços abertos pelos novos paradigmas de educação.

No Brasil, a evasão escolar é um grande desafio para as escolas, pais e sistema educacional. Segundo dados do Instituto Nacional de Estudos e Pesquisas Anísio

Teixeira (Inep), de 100 alunos que ingressam na escola na 1ª série, 5 não concluem o ensino fundamental, ou seja, 95 terminam a 8ª série (IBGE, 2007, citado por Pacievitch, 2021). Entre os motivos alegados pelos pais ou responsáveis para a evasão dos alunos, são mais frequentes nos anos iniciais do ensino fundamental (1ª a 4ª séries/1º ao 9º ano) os seguintes: distância entre escola e casa, falta de transporte escolar, falta de adulto para levar até a escola, falta de interesse e ainda doenças/dificuldades dos alunos. Ajudar os pais em casa ou no trabalho, necessidade de trabalhar, falta de interesse e proibição dos pais de ir à escola são motivos mais frequentes alegados pelos pais a partir dos anos finais do ensino fundamental (5ª a 8ª séries) e pelos próprios alunos no Ensino Médio. Cabe lembrar que, segundo a legislação brasileira, o ensino fundamental é obrigatório para as crianças e adolescentes de 6 a 14 anos, sendo responsabilidade das famílias e do Estado garantir a eles uma educação integral.

Mesmo com o desenvolvimento estimulado pela Constituição, pela globalização e pelas novas tecnologias, o centro da gestão escolar continua sendo um dos assuntos mais preocupantes da atualidade. Vale lembrar que as grandes transformações pelas quais estamos passando evidenciam a necessidade da alfabetização, bem como mostram que infelizmente a sociedade precisa buscar a evolução intelectual, algo que não demonstra desejar obter.

Exercício resolvido

No Brasil ainda existe a concepção de que os menos favorecidos não têm condições de aprender, devendo aceitar que são a mão de obra pesada e barata do país, estando às margens sociedade. Levando em consideração todos os desafios enfrentados pelo Brasil hoje, o analfabetismo e o analfabetismo funcional são alguns dos problemas mais preocupantes e são uma realidade causada pelos modelos de educação arcaicos, sem inovações, que tolhem a capacidade criativa dos sujeitos, gerando insegurança e insatisfação pessoal do aluno.

Assinale a alternativa que melhor explica o que é *analfabetismo funcional* e *evasão escolar*.

a) Analfabetismo funcional é a incapacidade de ler; já a evasão escolar pode ser compreendida como o interesse de frequentar aulas.

b) Analfabetismo funcional é a capacidade de ler, mas não de escrever; já a evasão escolar equivale ao abandono da escola.

c) Analfabetismo funcional é o ato de abandonar os estudos, ao passo que a evasão escolar é a incapacidade de compreender aquilo que se está lendo.

d) O analfabetismo funcional é a capacidade de ler um texto, mas não compreender seu discurso, não entender o que quer dizer sem uma explicação didática posterior; evasão escolar é o ato de deixar de frequentar as aulas, ou seja, abandonar o ensino em decorrência de qualquer motivo.

Gabarito: d
Feedback: O analfabetismo funcional pode ser compreendido como o ato de ler alguma coisa, mas não conseguir compreender aquilo que se está lendo, necessitando de uma explicação posterior para a apreensão do que foi lido. Já a evasão escolar é o ato de abandonar a escola, deixar de frequentar as aulas, o que pode ocorrer por inúmeros motivos, sendo aqui no Brasil o motivo principal a falta de interesse nos assuntos debatidos em sala de aula.

3.4 Método de ensino: construtivismo

Jean Piaget foi o grande idealizador do construtivismo, método que se baseia na participação direta e efetiva do aluno no processo de educação. Essa abordagem rompe com a proposta tradicional de ensino, que tem no professor o agente detentor do conhecimento, o qual, ao longo de sua aula, transmite esse saber aos alunos sem qualquer interferência.

A escola construtivista entende que a vida cotidiana é o principal professor. A vivência, as experiências sociais e pessoais dos alunos são elementos indispensáveis na exposição dos temas e nas estratégias adotadas pelo professor.

Aqui, na verdade, existe uma profunda revisão de papéis, tendo em vista a tradicional estrutura do professor como mestre, a autonomia é do aluno. A ludicidade faz parte da composição do método, inclusive, relacionando-se ao CTSA por incorporar várias ramificações que auxiliam no aprendizado. Música, cinema, teatro, artes são agregadoras. A rigidez avaliativa, sem considerar a individualidade e a trajetória do aluno dá vazão a uma compreensão humanizada do aluno.

Levando em consideração o déficit estrutural e social da educação brasileira, o método construtivista é apropriado, uma vez que propõe uma avaliação meticulosa e estratégias de ensino condizentes com a realidade do corpo discente. Logo, é preciso considerar a realidade cultural e antropológica dos alunos. Uma escola do interior do Nordeste brasileiro, por exemplo, deve ser submetida a uma intervenção artística distinta daquela aplicada a uma escola particular de uma capital do Sudeste. Não por um entendimento de segregação ou segmentação da cultura, mas, justamente, pela valorização do meio em que se vive e pela comunicação que fala diretamente com a realidade de uma população e deixa de falar diretamente com a outra.

Um cordel, por exemplo, que ilustra a realidade de um menino nascido e criado no campo pode ser muito mais efetivo no campo de construção educacional do que transportá-lo para um espectro urbano, que para esse aluno pode ser algo muito distante e sem sentido.

3.4.1 Tradicionalismo

O tradicionalismo transposto para a pedagogia e adotado como proposta educacional segue a linha que exulta o tradicional como meio de se alcançar alguma elevação. A tradição preza pela manutenção da ordem e do *status quo*.

Diferentemente da estrutura construtivista, o tradicionalismo separa de maneira clara e bem fixa os papéis assumidos por professor e aluno em sala de aula.

Em primeiro plano, está a figura do professor, tratado como autoridade e detentor do conhecimento. O tradicionalista valoriza a figura do mestre como um ser superior e privilegiado em seus conhecimentos intelectuais ou habilidades técnicas.

Em segundo plano, está a figura do aluno. Este tem a função de absorver um aprendizado.Nesse contexto, o aluno se mantém em atitude passiva, estando submetido à estrutura da escola e à hierarquia de poder em relação ao professor.

O conceito de tradicionalismo está estritamente ligado ao *modus operandi* conservador, o qual preza por uma estrutura de respeito pelas tradições e uma hierarquia bem definida.

> **? O que é?**
>
> **Conservadorismo** é uma filosofia que se concentra na manutenção de toda a estrutura social abrangendo aspectos culturais e civilizatórios.
>
> Conceitos como "Verdade" (com o V maiúsculo) e "alta cultura" não raro são utilizados como definidores desse pensamento.

Um exemplo contundente do método tradicionalista de ensino são as provas, utilizadas como forma de aferir o conhecimento que o aluno conseguiu absorver e o quanto ele está apto a demonstrar isso em um documento escrito. Conceitos como "aprovado" e "reprovado" são aplicados às provas para informar se os alunos conseguiram ou não atingir a pontuação mínima aceitável.

As grandes avaliações propostas pelo governo federal por intermédio do Ministério da Educação, como o Exame Nacional do Ensino Médio (Enem), fazem parte de uma visão tradicionalista, em que o aluno precisa atingir uma pontuação e concorrer com seus iguais para ingressar no ensino superior.

Embora grande parte das escolas esteja descartando, pouco a pouco, o método tradicional como seu modo de ensino condutor, as provas ainda são adotadas como o principal meio de avalição.

Um dos desafios da nova educação e de propostas de ensino que se pretendam revolucionárias é uma atribuição avaliativa que não seja exclusiva, no sentido de segmentar pessoas e formas de aprendizado.

A ideia de proporcionar uma identificação da vocação do aluno que muitas vezes está apto para determinado perfil de trabalho, mas não para outro, passa por uma visão oxigenada da educação enquanto proposta que abarque e inclua todos no desenvolvimento social e humano.

3.4.2 Interacionismo

No interacionismo, o indivíduo é o verdadeiro agente ativo de sua trajetória de ensino. O interacionismo diferencia-se do construtivismo por exigir ainda maior autonomia e intervenção do aluno em seu processo de aprendizagem.

O interacionismo fundamenta-se na filosofia de Lev Vygotsky e tem como real pilar de seu método a comunicação do agente com o seu meio.

Conforme o interacionismo, a construção de um ente social pode ser determinante para a construção do conhecimento, possibilitando, dessa maneira, uma criação autônoma.

Exercício resolvido

Considere a seguinte situação hipotética: João nasceu na periferia de Salvador, na Bahia, sua construção social, antropológica e cultural é diferente, por exemplo, da de

Pedro, que nasceu no Morumbi, área nobre da grande São Paulo.

Muito provavelmente, a vida de Pedro, as condições e estruturas, tanto físicas quanto sociais, foram mais privilegiadas que as de João; logo, existe uma diferença notável na velocidade de aprendizado de João na realização de uma prova que se norteia por princípios tradicionalistas.

Tendo em vista os conceitos estudados, como uma diretora que pretende adotar em sua escola métodos de ensino mais democráticos e inclusivos pode ajudar João sem o colocar em uma posição de vantagem perante seus colegas de classe, formada por sujeitos com diferentes origens e situações socioeconômicas?

a) A pedagogia Waldorf deve ser a proposta de ensino a ser utilizada na situação de João. Uma escola em que, estruturalmente, os ensinos têm um viés mais humanizado, tanto quanto em sua ideologia, é a estratégia mais indicada para que todos os alunos sejam equiparados em suas faculdades cognitivas.

b) O tradicionalismo assegurará que não exista um benefício para João apenas por ter vivido em um ambiente diferente daquele em que viveram seus colegas de classe. Enrijecer as vias educacionais traz um grande benefício de igualar as oportunidades para todos.

c) A proposta de ensino intervencionista se adéqua perfeitamente ao caso de João e a muitos casos no Brasil, por identificar um recorte social deficitário que, a partir da vivência de cada aluno com o seu meio, pode exercitar seu conhecimento inerente de acordo com a matéria proposta.

d) Uma nova proposta de ensino deve ser elaborada para que sejam descartadas todas as propostas anteriores. As propostas aqui apresentadas revelam um mote antigo e que não condiz com a atualidade da educação brasileira e global, representando um atraso significativo para os discentes.

Gabarito: c

***Feedback*:** É preciso adotar no Brasil um sistema em que o ensino e a avaliação levem em conta a realidade do aluno, valorizando-a e a utilizando como ponto de partida para que o aluno acesse realidades distantes.

O caso hipotético de João revela que algumas propostas podem contemplar e ajudar alunos em vulnerabilidade social a terem uma educação igualitária, mesmo sem ter os privilégios financeiros e sociais dos colegas.

A diretora pode inserir, por exemplo, algumas atividades em que o aluno exercite um olhar poético ou crítico para seu recorte social, de forma que entenda as razões sociopolíticas que fazem com que ele esteja em determinada situação que difere da de seus colegas.

A percepção de uma diferença abissal de condições econômicas, antropológicas e sociais pode ser muito elucidativa para quem pretende programar propostas de ensino que dialogam, de fato, com a realidade.

3.4.3 Método Montessori

Maria Montessori foi a pioneira na proposta de ensino que leva seu sobrenome. Na época, havia a defesa de que a educação passava por uma via bastante simples que indicava a experiência plena dos dias e o abstrato como um método profundamente eficaz de ensino.

Esse método tem similaridade com o intervencionismo e com a pedagogia Waldorf, por garantir uma estrutura que seja aliada ao aprendizado criativo capaz de estimular a imaginação e a criatividade dos alunos. Entretanto, o professor tem autonomia suficiente para indicar como os alunos podem lidar com esses materiais e como serão utilizados para seu pleno desenvolvimento, em concomitância como as matérias dispostas na grade curricular.

Um dos principais diferenciais da proposta de ensino Montessori é a permissão de que cada aluno avance em seu próprio ritmo, sem submetê-lo a uma agenda escolar que o pressione a estar em um ritmo mais avançando do que sua capacidade e respeite seus limites emocionais e cognitivos.

3.5 Proposta de ensino humana: pedagogia *Waldorf*

A pedagogia Waldorf foi criada com base nos pensamentos e pesquisas do filósofo Rudolf Steiner, que propunha uma educação pautada na ludicidade. A ideia-síntese é articular os métodos pedagógicos com a arte.

A proposta de Steiner foi vanguardista por inserir na rotina de sala de aula atividades que não eram comuns ao ambiente escolar. Pinturas, atividades de dança, culinária, costura etc. foram incorporadas ao processo educacional com propósito e como formas de ensino e avaliação.

Esse método promove uma consciência comum e um intercâmbio de ideias e experiências na região, no país ou entre países, reforçando o trabalho de cada escola. A consciência de existir em um contexto mais amplo pode tomar forma em parcerias entre escolas inseridas em diferentes contextos. A assistência de professores, pais ou representantes de estudantes em reuniões organizadas em níveis regional, nacional e internacional, formação contínua, conferências e cursos são também exemplos disso.

Nessa metodologia, priorizam-se espaços de trabalho ao ar livre por estimular, além do contato contínuo com as artes e as formas artísticas, a interação com a natureza e os animais, entendendo os ambientes naturais como um pilar da educação.

Para controle e certificação da correta utilização do método, existe a Federação das Escolas Waldorf (FEWB), que cadastra os colégios e escolas que optam por utilizar essa forma de ensino. E estas assumem a tarefa de articular o conhecimento do ser humano com a missão social das escolas. Para melhor entendimento da forma de pedagogia Waldorf, podemos pensar na pedagogia de acordo com Guimarães (2012). Para as crianças, são determinados os seguintes pontos:

- São compostos grupos de alunos com diferentes níveis de habilidade. As classes são ordenadas por idade, não de acordo com as habilidades.
- Também é possível, de forma adicional, formar grupos de acordo com os sujeitos, fazendo uma complexa avaliação das formas identidárias considerando a forma de ser ou de ver o mundo apresentada por cada aluno.
- Presença do tutor como acompanhante a longo prazo (de 3 a 6 anos no ensino pré-escolar, de 7 a 14 anos no ensino básico, de 14 a 18 anos no ensino secundário e bacharelado).
- A aula principal acontece no período da manhã; depois, são realizadas as aulas de assuntos ou especialidades.
- Realiza-se um estágio pré-escolar sem objetivos acadêmicos.

- Proporciona-se uma escola integrada, desde a infância até a idade adulta.
- Faz-se o acompanhamento individual dos alunos dentro da comunidade da turma.
- Adoção da coeducação.

Para professores:

- Cada professor é totalmente responsável por tudo o que acontece na escola.
- A relação com as pessoas da comunidade escolar (interna e externa) é mantida por meio de reuniões pedagógicas regulares, promovendo a aprendizagem mútua.
- A escola é administrada por professores e pais.
- Pais e professores formam uma comunidade que assume a responsabilidade pela escola.
- Os professores buscam e encontram formas de desenvolver a qualidade educacional.
- Cada professor é responsável por sua prática de ensino com base no estudo antroposófico do ser humano, para manter os padrões profissionais, o relacionamento que ele tem com os alunos, suas habilidades sociais e profissionais, e os objetivos da pedagogia Waldorf.

> **Você sabia que?**
>
> Apontado pela Unesco como "método pedagógico inclusivo e adequado", apenas 75 escolas no Brasil estão aptas a desenvolver a pedagogia Waldorf como forma de ensino efetiva. Tal controle é feito para assegurar que as escolas que se proponham a inserir este método de ensino estejam dedicadas à sua filosofia de maneira íntegra e indissociável.
>
> Escolas em países que contam com uma Associação de Centros Educacionais Waldorf são incluídas na lista por recomendação do último desenvolvedor do sistema. Quando não há tal associação, a Conferência Internacional decide sobre a inclusão com base na recomendação qualificada de pelo menos dois de seus membros.
>
> A aprovação é o prerrequisito para obter o direito de usar o nome da escola "Waldorf" ou "Rudolf Steiner".

É comum alguns métodos do ensino tradicional serem utilizados como formas de avaliação, mas sempre respeitando o limite de pouco mais de 15 alunos por sala de aula para que não exista superlotação.

O modelo Waldorf pode ser entendido como uma proposta que agrega elementos de demais propostas para que se complementem de uma forma que se torne um corpo único. Ele permite que a criança experimente a alegria de aprender, o tempo para aproveitar o processo e garantir o desenvolvimento de sua autoestima. Fornece as experiências por meio das quais as crianças criam seus conhecimentos e se preparam para as muitas experiências que a vida oferece.

Síntese

- A organização escolar passou por inúmeras mudanças no país, sendo primeiramente gerida pela igreja, com os jesuítas à frente de toda a estruturação escolar.
- A história da educação no Brasil mostra que as escolas sofreram mudanças significativas, primeiramente com o caráter de ensinar os nativos a serem mais civilizados, depois se dividindo na educação para pobres, escravos e uma educação especial para a elite.
- A metodologia adotada pelos governos brasileiros, mesmo após a decadência do império e da política do Café com Leite continuava sempre a privilegiar as classes mais abastardas, impedindo inclusive a ascensão de classes pelo estudo, já que aos mais pobres a educação era profissionalizante, ao passo que aos mais abastados a educação era intelectual.
- A propaganda acerca da democratização do ensino é antiga, mas por muito tempo ficou só no papel, o que contribuiu para o aumento expressivo de analfabetos e pessoas que não viam razões para frequentar a escola ou enfrentavam muitos obstáculos para tal.
- A organização escolar é um conjunto de normas, diretrizes, estrutura e ações que visa

ao desenvolvimento intelectual do aluno. Essas organizações podem estar presentes no ensino infantil, no ensino fundamental, no ensino médio e no ensino superior.
- A estruturação da educação e a organização escolar segue as diretrizes da Constituição Federal e da LDB de 1996.
- O sistema de organização escolar brasileiro é eficaz, mas infelizmente muitas escolas não o seguem como deveria ser seguido, afetando negativamente a qualidade do ensino.
- A grande batalha dos responsáveis pela gestão escolar é aproximar a escola da população, interagindo com as famílias, a sociedade em geral e os representantes políticos, sempre com um olhar direcionado ao crescimento educacional do aluno.
- A estruturação escolar é moderna e democrática, mas ainda encontra desafios para atrair as crianças e os jovens para o ensino.
- O analfabetismo, o analfabetismo funcional e a evasão escolar são só alguns dos problemas enfrentados por nossa educação, exigindo sempre daqueles que fazem a organização escolar um esforço para driblar esses desafios.
- As plataformas digitais podem ser consideradas um obstáculo para a educação se forem mal utilizadas; mas, se bem usadas, podem ser uma importante ferramenta para atrair o aluno ao aprendizado.

Uso da CTSA

4

Conteúdos do capítulo

- Metodologia Paulo Freire.
- História do movimento CTSA na educação.
- Metodologia Paulo Freire e abordagem CTSA.
- Utilização da CTSA na educação.
- CTSA e desenvolvimento sustentável.
- CTSA e Covid-19.

Após o estudo deste capítulo, você será capaz de:

1. discutir acerca de questões envolvendo ciência e tecnologia aplicadas à sociedade e ao meio ambiente;
2. relacionar ciência e tecnologia com metodologias de desenvolvimento da educação, como a metodologia freireana;
3. analisar as ideias discutidas atualmente acerca da educação ambiental e aplicar a abordagem CTSA na busca de uma modernização desses ensinamentos;
4. esclarecer como a metodologia de Paulo Freire aplicada em conjunto com o movimento CTSA pode solucionar diversos problemas na educação brasileira;
5. relatar o contexto histórico do movimento CTSA e explicar como ele é importante na contextualização do ensino e no desenvolvimento de pesquisas, como as pesquisas acerca da Covid-19.

Neste capítulo, daremos continuidade a nossa abordagem acerca de ciência, tecnologia, sociedade e ambiente (CTSA), dando enfoque a seu estudo e aplicação. Trata-se de um importante movimento que permite discussões acerca da produção de ciências, sendo os avanços científicos e tecnológicos cruciais para a sociedade, criando novas demandas e levando o homem a adquirir novos hábitos.

Na esteira dessas preocupações surge a necessidade de se pesquisar e desenvolver novos trabalhos que proporcionem melhorias de vida para o ser humano moderno; é justamente aí que se enquadra a educação CTSA. Mas ainda há um longo caminho a se percorrer rumo ao aprofundamento didático para implementação e utilização desse modelo de educação, partindo do ponto de vista da compreensão do movimento em sua dimensão sociológica, para assim podermos superar os obstáculos de sua implementação na educação.

4.1 Breves relatos sobre Paulo Freire

Neste estudo, é importante mencionarmos a metodologia criada pelo educador e pedagogo Paulo Freire.
O pernambucano ganhou projeção nacional nas décadas de 1950 e 1960, recebeu o título de patrono da educação brasileira em 2012, e foi indicado ao Nobel da Paz em 1995.

Assim como o enfoque CTSA, a metodologia de investigação temática de Paulo Freire rompe com o tradicionalismo curricular no ensino de ciências, incorporando ao contexto de sala de aula situações do cotidiano. Quando essa metodologia é aplicada com o enfoque CTSA, os resultados são significativamente positivos.

Paulo Freire aplicou, em 1963, um método próprio na cidade de Angicos, interior do Rio Grande do Norte, e teve grande sucesso, pois conseguiu alfabetizar 300 adultos em 45 dias. Por conta desses resultados, o governo brasileiro que na época realizava reformas de base na educação, adotou esse método em um Plano Nacional de Educação.

A metodologia de Paulo Freire foi considerada eficaz e conseguiu financiamento do governo federal e do governo dos Estados Unidos, por meio da chamada *Aliança para o Progresso*.

O projeto de Paulo Freire foi extinto em 1964, com o golpe militar, pois acreditava-se que Freire tinha ideias comunistas, já que ele dizia que a educação era uma ferramenta de grande importância na transformação da sociedade; afinal, por meio da educação, o indivíduo poderia ter mais instrumentos para reivindicar seus direitos. Esses ideais eram tidos como subversivos pelo Regime Militar.

Paulo Freire foi preso sob a acusação de ter traído a pátria brasileira, e passou 72 dias preso. Depois, foi exilado e ficou 16 anos fora do Brasil, divulgando em diversos países sua metodologia, recebendo diversos prêmios por seu trabalho.

Com o fim do regime ditatorial militar, Paulo Freire retornou ao Brasil, realizando importantes trabalhos na Universidade Estadual de Campinas (Unicamp). Atualmente, a metodologia freireana é reconhecida em todo o mundo, embora no Brasil seja alvo de polêmicas e disputas políticas.

4.2 A metodologia Paulo Freire

A metodologia adotada por Paulo Freire consistia em uma maneira de educar fazendo-se conexão com a realidade vivida pelos estudantes e as experiências vividas por eles. O método também se relacionava à política, especialmente porque Freire trabalhou com a educação e a alfabetização de adultos.

Freire propunha o diálogo entre o professor e o aluno, buscando maneiras de torná-lo um aprendiz ativo. O educador acreditava que as metodologias seguidas nas escolas eram arcaicas, transformavam o aluno em mero receptor de pensamentos, sem que pudesse desenvolver um pensamento crítico, o que inibia também sua criatividade.

Para Paulo Freire, a sociedade estava dividida entre opressor e oprimido. Ele afirmava que o opressor era aquele que detinha o poder sobre determinado meio de produção, explorando o assalariado; por sua vez, o oprimido era aquele que é explorado. Nesse contexto, para Freire, o oprimido poderia, em sua opressão, refletir acerca da ação do homem sobre o mundo e assim querer transformá-lo. Esse processo conduziria o homem a uma conscientização crítica, que cria condições para libertação quanto a opressão por ele vivida, mudando sua condição.

O educador acreditava que a educação tinha um caráter bancário, tendo em vista a memorização de conteúdos. Para ele, aquele tipo de educação era sistemático e falho, e o melhor educador era aquele que mais conseguia encher recipientes, que eram os educandos em suas palavras: "Quanto mais se deixem socialmente 'encher', tanto melhores educandos serão" (Freire, 2014, p. 36).

A prática bancária da educação inibe o poder criador dos educandos. Somente mediante a problematização, que tem um caráter reflexivo, é que a verdadeira educação se efetiva.

> [...] usaremos o termo "alfabetização científica" para designar as ideias que temos em mente e que objetivamos ao planejar um ensino que permita aos alunos interagir com uma nova cultura, com uma nova forma de ver o mundo e seus acontecimentos, podendo modificá-los e a si próprio através da prática consciente propiciada por sua interação cerceada de saberes de noções e conhecimentos científicos, bem como das habilidades associadas ao fazer científico. (Sasseron; Carvalho, 2011, p. 61)

De acordo com a metodologia de Paulo Freire, o professor deixa sua posição puramente hierárquica, abandonando o papel de mero "despejador de informações", passando a ser, além de um mediador, um pesquisador do aluno, desenvolvendo uma relação baseada nas experiências vivenciadas pelo estudante. A intenção é levar o aluno a ser mais participativo, sendo seduzido pelo aprendizado. Trata-se de um método mais humano de ensino, que pode ser aplicado em qualquer contexto.

4.3 Histórico do movimento CTSA na educação

Os problemas ambientais são um efeito colateral das novas tecnologias. Inicialmente, o mundo estava muito otimista quanto aos avanços da ciência e da tecnologia, com promessas de uma vida melhor, principalmente após a Segunda Guerra Mundial. No entanto, houve uma sequência de desastres e o agravamento dos problemas sociais e ambientais já existentes.

Os altos níveis de radiação de Hiroshima e de Nagasaki, tornando aquela terra infértil por muitos anos, a utilização do DDT (dicloro-difenil-tricloroetano) – solução tecnológica para o combate de insetos transmissores de doenças –, a descoberta do uso do DDT apontada como revolucionária, foram alguns dos acontecimentos que causaram grandes desastres ambientais.

Em seu livro *Primavera silenciosa*, Rachel Carson relata as mortes súbitas e sem explicação de crianças, adultos, pássaros e outros animais, após a pulverização aérea com o produto DDT. Esse composto atingiu não somente as "pragas" das plantações, mas também o solo e o lençol freático da região, comprometendo toda a biodiversidade.

Com o agravamento dos problemas ambientais, o pós-guerra, a falta de recursos, a corrida tecnológica e armamentista da Guerra Fria, os impactos negativos do uso de armas nucleares, todos esses fatores geraram uma ascensão na educação por conta da conscientização de intelectuais com questões éticas. Os avanços tecnológicos proporcionaram inúmeros benefícios para a sociedade, mas também inúmeros impactos negativos.

> A preocupação social, por meios organizados, com os impactos econômicos, sociais, ambientais, políticos, éticos e culturais da Ciência e Tecnologia e a busca de maior participação da Sociedade nas decisões envolvendo Ciência e Tecnologia são as marcas do que definiremos como Movimento CTS. (Chrispino, 2017, p. 14)

A percepção dos impactos da ciência e tecnologia (C&T), a partir dos anos 1960, consubstanciou dois movimentos importantes: a educação ambiental (EA) e o movimento Ciência, Tecnologia, Sociedade (CTS), atualmente também designado como CTSA, com o acréscimo da letra A para representar o ambiente (Chrispino, 2017).

O ensino das ciências está intimamente ligado a uma ideia de alfabetização científica, que é um conjunto de conhecimentos que visam facilitar uma visão mais consciente acerca do meio. Essa corrente se associa às ideias de Paulo Freire, que pregava a ruptura da chamada *cultura do silêncio*, em que, por meio da ciência, se facilitaria a compreensão de um contexto vivido, fornecendo elementos para transformação intelectual.

> O estudo dos paradigmas, muitos dos quais bem mais especializados do que os indicados acima, é o que prepara basicamente o estudante para ser membro da comunidade científica determinada na qual atuará mais tarde. Uma vez que ali o estudante reúne-se a homens que aprenderam as bases de seu campo de estudo a partir dos mesmos modelos concretos, sua prática subsequente raramente irá provocar desacordo declarado sobre pontos fundamentais. Homens cuja pesquisa está baseada em paradigmas compartilhados estão comprometidos com as mesmas regras e padrões para a prática científica. Esse comprometimento e o consenso aparente que produz são pré-requisitos para a ciência normal [...]. (Kuhn, 1998. p. 30)

Desse modo, aprender e debater acerca de questões sobre ciência, tecnologia, sociedade e ambiente favorece a socialização, já que esse estudo crítico e investigativo proporciona ao aluno uma visão diferenciada do saber científico. Chrispino (2017, p. 81) afirma que:

> a Abordagem CTS é uma alternativa poderosa para a formação tecnocientífica, sob a ótica da formação do cidadão. E isso é facilitado visto que a premissa CTS é a do acolhimento de posições divergentes e o exercício do entendimento, do respeito às diferenças, da construção de consenso e da tolerância, sem perder de vista os deveres, direitos, a ética, a cultura e a visão de curto, médio e longo prazos. Podemos dizer que os fundamentos CTS estão assentados nas grandes áreas da Política, da Economia, dos Valores, do Ambiente, das Relações pessoais e sociais, principalmente.

As questões discutidas nas propostas curriculares passaram a ter enfoque nos impactos da tecnologia na sociedade, sobretudo suas consequências ambientais, razão pela qual a sigla CTSA é adotada, pois acrescenta o ambiente como foco de estudo nas inter-relações Ciências, Tecnologias e Sociedade.

> Uma pedagogia crítica e ambientalista deve saber relacionar os elementos sócio-históricos e políticos aos conceitos e conteúdos transmitidos e construídos na relação educador-educando, de modo que evite um trabalho educativo abstrato, pouco relacionado com o cotidiano dos sujeitos sociais e com a prática cidadã. Entendemos que um maior grau de conhecimento

formal-instrumental não é garantia de maior qualificação para o exercício da cidadania ecológica quando se apresenta isolado da compreensão global da realidade. (Loureiro; Layrargues; Castro, 2011, p. 85)

O processo de aprendizagem CTS/CTSA é considerado uma necessidade do mundo contemporâneo, e a sociedade industrializada precisa desenvolver um pensamento crítico que a auxilie na participação de decisões públicas. Assim,

> o movimento C.T.S. surge de debates sobre os caminhos a serem seguidos, fundamentalmente pelo ensino de ciências, e apesar de haver um consenso sobre a importância desse movimento na educação dos cidadãos, ainda não existe uma uniformidade para se tratar das questões sociais e ambientais envolvidas com a Ciência e a Tecnologia, devido principalmente às divergentes opiniões sobre o enfoque que deve ser dado à cada um dos ramos que compõem a sigla do movimento e à visão de educação científica que os pesquisadores da área possuem.
> (Silva et al., 1999, p. 2)

O movimento CTSA busca unir o aprendizado das ciências à realidade do aprendiz, com ampla abordagem acerca dos problemas trazidos pelos avanços que a sociedade sofreu, como afirma Maia (1998, p. 128-129):

Não se pode ingenuamente acreditar que a ciência, como um conjunto de conhecimentos (ciência-disciplina) e de atividades (ciência-processo), seja algo independente do meio social, alheio a influências estranhas e neutro em relação às várias disputas que envolvem a sociedade. Analisada por qualquer um de seus dois ângulos, a ciência representa um corpo de doutrinas gerado ou em geração num meio social específico e, obviamente, sofrendo as influências dos fatores que compõem a cultura de que faz parte. Produto da sociedade, influi nela e dela sofre as influências.

Os currículos com base em CTS não têm mais como principal objetivo a ideia de mostrar ciência pela ciência, ou seja, as maravilhas científicas diante do mundo contemporâneo, mas sim o de disponibilizar representações que permitam a ação do cidadão, tomando decisões conscientes, compreendendo o que está em jogo no discurso dos especialistas.

A educação CTSA tem como objetivo provocar o espírito de reflexão, capacitando o indivíduo a intervir no meio em que vive, abandonando o senso comum e usando o senso crítico para realizar proposições justas; nesse sentido, poderíamos fazer uma ponte com a maiêutica socrática, no que diz respeito ao exercício do pensamento.

a) a análise e a desmistificação do papel da ciência e da tecnologia como conhecimento hierarquizado e que leva ao desenvolvimento; b) a aprendizagem social da participação pública nas decisões relacionadas com os temas tecnocientíficos e c) uma renovação da estrutura curricular dos conteúdos, de forma a colocar a C&T em concepções vinculadas ao contexto social. (Santos et al., 2011, p. 140)

A orientação CTSA voltada ao ensino deve ter uma preocupação além dos conteúdos disciplinares específicos, deve conhecer os contextos em que os problemas se colocam e suas variáveis à procura de soluções. As relações CTSA se implementam nas práticas pedagógicas sob três diferentes óticas: (i) as docentes fazem aplicações da C&T à vida dos alunos; (ii) a produção de novas tecnologias; (iii) e, mais raramente, discussões sobre impactos da C&T (Santos et al., 2011).

São de extrema importância, para melhor entendimento e prática sobre a educação socioambiental e o movimento CTSA, a discussão, a problematização e a articulação de políticas públicas voltadas para a sociedade e o meio ambiente, com enfoque na contextualização dos problemas vividos no dia a dia.

Faz-se necessário também um olhar do Estado com relação à educação e às pesquisas, direcionando investimentos ao setor educacional, já que a falta de recursos pode prejudicar as condições de trabalho dos discentes, bem como as mudanças nas abordagens pedagógicas.

4.4 Metodologia Paulo Freire e a abordagem CTSA

O objetivo da CTSA é a formação de cidadãos informados sobre os problemas da atualidade sendo capazes de opinar e tomar as melhores decisões acerca dos desafios enfrentados no mundo moderno. Entendemos ainda que

> o cidadão merece aprender a ler e entender –
> muito mais do que conceitos estanques – a ciência
> e a tecnologia, com suas implicações e consequências,
> para poder ser elemento participante nas decisões de
> ordem política e social que influenciarão o seu futuro
> e o dos seus filhos (Bazzo, 1998, p. 34)

Assim como a CTSA, a metodologia aplicada por Paulo Freire busca discutir princípios que resgatem o caráter político da abordagem educacional. Trata-se de uma proposta de educação inovadora, mais humanizada, acabando com a burocracia educacional e os métodos arcaicos. Ambas rompem com o tradicionalismo curricular do ensino das ciências, com enfoque no que é vivido no cotidiano do aluno. A CTSA abrange os seguintes objetivos:

- Questionar as formas herdadas de estudar e atuar sobre a natureza, as quais devem ser constantemente refletidas. Sua legitimação deve ser feita por meio do sistema educativo, pois só assim é possível contextualizar permanentemente os conhecimentos em função das necessidades da sociedade.
- Questionar a distinção convencional entre conhecimento teórico e conhecimento prático – assim como sua distribuição social entre "os que pensam" e "os que executam" – que reflete, por sua vez, um sistema educativo dúbio, que diferencia a educação geral da vocacional.
- Combater a segmentação do conhecimento, em todos os níveis de educação.
- Promover uma autêntica democratização do conhecimento científico e tecnológico, de modo que ela não só se difunda, mas que se integre na atividade produtiva das comunidades de maneira crítica. (Pinheiro; Silveira; Bazzo, 2007, p. 74)

Em suas obras, Paulo Freire fez uma reflexão crítica acerca das classes sociais mais pobres e excluídas, demonstrando que o analfabetismo era o maior desafio a ser vencido, pois é um fator de exclusão, que por si só restringe a liberdade do homem e o desenvolvimento de seu pensamento crítico.

A fim de auxiliar a criticidade do ensino científico, os pressupostos de Paulo Freire articulados ao CTSA se mostram fundamentais para a compreensão crítica de mundo, considerando uma dinâmica social contemporânea progressivamente condicionada pelos avanços do campo científico-tecnológico.

Uma das vantagens da educação com ênfase CTSA é que esta permite conjugar o tratamento de conteúdos clássicos em uma abordagem que extrapola a dimensão conceitual, trazendo para sala de aula problemas de interesse social, de forma mais dinâmica e contextualizada (Pinheiro; Silveira; Bazzo, 2007).

Tendo em vista a problemática da educação no Brasil, o desafio é educar as crianças e os jovens, propiciando-lhes desenvolvimento humano, cultural, científico e tecnológico, de modo que adquiram condições para enfrentar as exigências do mundo contemporâneo.

Desse modo, uma educação sempre voltada para a autonomia é seu enfoque, com a intenção de tornar o homem capaz de compreender a realidade a sua volta, e a partir dessa compreensão alterar aquilo que julgar necessário. Assim,

> tem significado fundamental e reflexo direto na emancipação dos sujeitos [...]. Compreendê-la pressupõe perceber a educação como forma de intervenção no mundo, mantendo a disponibilidade permanente para o diálogo e para a prática democrática [...]. (Santos et al., 2011, p. 143)

A abordagem CTSA é importantíssima no ambiente escolar e, assim como a metodologia Freire, integra temas locais e regionais, buscando, por meio da investigação, o desenvolvimento prático e crítico da ciência, no contexto da realidade dos alunos.

> Os princípios diferenciadores são vários: a preocupação com a formação de atitudes e valores em contraposição ao ensino memorístico de pseudopreparação para o vestibular; a abordagem temática em contraposição aos extensos programas de ciências alheios ao cotidiano do aluno; o ensino que leve o aluno a participar em contraposição ao ensino passivo, imposto sem que haja espaço para a sua voz e suas aspirações. Enfim, uma reforma curricular de CTS implica mudanças de concepções do papel da educação e do ensino de ciências. (Santos; Mortimer, 2002, p. 127)

O movimento CTSA tem como princípios a cidadania, a contextualização e a interdisciplinaridade, trazendo a concepção de um novo modo de ensinar e aprender. Para que seja possível aplicar esse movimento, é necessário que antes haja um investimento na formação dos profissionais da educação, reconstruindo práticas segundo uma visão crítica de sociedade.

Assim, de acordo com os estudos realizados neste capítulo, fica claro que, seguindo uma perspectiva mais humanizada do conhecimento, o ensino das ciências e tecnologias caminha junto da teoria de Freire, pois há o interesse em realizar uma abordagem crítica e investigativa do ensino de ciências, tecnologias, sociedade e ambiente.

> O método Paulo Freire não ensina a repetir palavras, não se restringe a desenvolver a capacidade de pensá-las segundo as exigências lógicas do discurso abstrato; simplesmente coloca o alfabetizando em condições de poder re-existenciar criticamente as palavras de seu mundo, para, na oportunidade devida, saber e poder dizer a sua palavra. (Freire, 2016, p. 17)

Desse modo, a aprendizagem de ciências com enfoque CTSA sob uma concepção humanística de Freire pode ser a ferramenta necessária para driblar os inúmeros desafios impostos pela modernidade, tendo em vista sua abordagem crítica. Assim, ensinar e aprender devem ser ações mútuas entre professor e aluno, com enfoque na partilha construtiva de experiências.

> Ao pensar em uma proposta de CTS na perspectiva humanística freireana, busca-se uma educação que não se restrinja ao uso e não uso de aparatos tecnológicos ou ao seu bom e mau uso. Além disso, propõe-se uma educação capaz de pensar nas possibilidades humanas e nos seus valores [...]. Isso significa levar em conta a situação de opressão em que vivemos, a qual é marcada por um desenvolvimento em que valores da dominação, do poder, da exploração estão

acima das condições humanas. Nesse sentido, uma educação com enfoque CTS na perspectiva freireana buscaria incorporar ao currículo discussões de valores e reflexões críticas que possibilitem desvelar a condição humana. Não se trata de uma educação contra o uso da tecnologia e nem uma educação para o uso, mas uma educação em que os alunos possam refletir sobre a sua condição no mundo frente aos desafios postos pela ciência e tecnologia. (Santos, 2008, p. 122)

Portanto, ao se realizar uma intervenção pedagógica, torna-se substancial o uso da interdisciplinaridade, a qual se torna o farol para o pesquisador aluno enxergar além do senso comum e perceber quais possibilidades podem ser produzidas.

Exercício resolvido

O objetivo central do enfoque CTSA é promover a educação científica e tecnológica, buscando auxiliar o aluno na construção de um conhecimento crítico, pautado em habilidades e valores necessários para tomar decisões responsáveis sobre questões de ciências e tecnologias na sociedade e no ambiente. Com isso, pode atuar na solução dos desafios lançados por uma sociedade imersa nas mais diversas tecnologias. O ensino com uma abordagem CTSA procura demonstrar:

a) como os contextos social, cultural e ambiental, nos quais se situam a ciência e tecnologia, influenciam sua condução e conteúdo, têm efeitos recíprocos e suas inter-relações variam no tempo e no espaço.
b) que o indivíduo precisa conhecer as disciplinas ligadas às ciências e às tecnologias para obter um melhor diploma e *status* social, pois só assim poderá participar das políticas públicas de seu país.
c) que o estudo repetitivo é importante, mantendo-se a figura do professor distante do aluno, como líder de sala de aula que passa informações ao estudante deve ser espelho para as sociedades em desenvolvimento.
d) que metodologias como a de Paulo Freire devem ser evitadas, não devendo haver relação entre a abordagem CTSA e a humanização do ensino.
e) O ensino das ciências sociais deve ser deixado de lado, predominando o estudo as ciências exatas e biológicas.

Gabarito: a
***Feedback*:** A grande finalidade da educação em Ciências em uma perspectiva CTSA é dar à ciência uma visão integrada, relacionando-a com a tecnologia e evidenciando os impactos que estas têm na sociedade e no ambiente.

A abordagem dos conhecimentos científicos e tecnológicos é uma importante ferramenta no processo de alfabetização científica, tendo em vista trazer a discussão de uma abordagem científica e tecnológica voltada sempre ao contexto socioambiental, desenvolvendo valores morais e éticos.

Você sabia?

Dispomos de tecnologias para captação e utilização de fontes renováveis de energia, a exemplo da energia solar. A energia que o planeta recebe em apenas uma hora de exposição ao sol é igual à quantidade de energia que os seres humanos usam em um ano inteiro. Eletricidade solar é uma energia renovável e não libera qualquer dióxido de carbono nocivo ou outros poluentes.

4.5 Utilização da CTSA na educação

Com uma sociedade cada vez mais dependente de avanços científicos e tecnológicos, há a necessidade de o indivíduo adquirir novos hábitos de vida diária, influência que deve ser levada em consideração quanto a formação crítica dos educandos.

Os estudos CTSA vêm se consolidando na educação brasileira ao longo de 30 anos. A propósito, somente a partir dos anos 2000 passou a ter maior relevância no contexto educacional brasileiro, tendo um maior número de dissertações de mestrado com enfoque na educação CTSA. No entanto, de acordo com Invemizzi e Fraga (2007), apenas recentemente os estudos CTSA começaram a ser introduzidos na formação de professores, especialmente no que diz respeito a aqueles dedicados ao ensino fundamental e médio.

Segundo Freitas e Ghedin (2015), as pesquisas mais atuais em CTSA têm se concentrado nos sujeitos professores e na modalidade da educação básica (mais especificamente o ensino médio), com foco temático nas implantações da abordagem CTSA em sala de aula.

> Promover o interesse dos estudantes em relacionar a ciência com as aplicações tecnológicas e os fenômenos da vida cotidiana e abordar o estudo daqueles fatos e aplicações científicas que tenham uma maior relevância social, abordar as implicações sociais e éticas relacionadas ao uso da tecnologia e adquirir uma compreensão da natureza da ciência e do trabalho científico. (Auler; Bazzo, 2001, p. 3)

Abreu, Fernandes e Martins (2013) destacam que, apesar do crescimento das pesquisas em CTSA verificado no decorrer dos anos, a produção ainda é pouco expressiva, correspondendo a, aproximadamente, 0,78% do total da produção no campo de pesquisa em ensino de Ciências.

A carência de estudos da área CTSA nos anos iniciais também foi verificada por Maestrelli e Lorenzetti (2016), que realizaram um estudo sobre a produção CTSA nos anos iniciais do ensino fundamental, com o objetivo de apresentar as contribuições dessa abordagem para esse nível de ensino.

Nos anos iniciais do ensino fundamental, percebemos a influência de diversos pesquisadores, entre eles: Anna Maria Pessoa de Carvalho, Lúcia Helena Sasseron, Fabiane Fabri, Rosemari Monteiro Castilho Foggiatto Silveira, Tania Mara Niezer, Enia Ferst, Maria Clara Forsberg Silva, Juliana Viecheneski, Marcia Regina Carletto, Leonir Lorenzetti, Regina de Souza Teixeira, Graça Aparecida Cicillini, Cleide Maria Velasco Magno, Ana Cristina Pimentel Carneiro de Almeida, João Marcos Machuca de Lima e Álvaro Lorencini Junior, que concordam que as orientações epistemológicas desse enfoque contribuem para o processo de alfabetização científica dos alunos (Maestrelli; Lorenzetti, 2016). Ainda sobre esse método de ensino, temos que:

> Mais que um método ou uma abordagem de ensino, esse movimento remete à reflexão sobre os sentidos de se ensinar ciências num mundo cada vez mais permeado pela tecnologia, pelo acúmulo da produção de informações, pela rapidez com que estas são socializadas e descartadas e pela participação dos cidadãos comuns nos debates de interesse coletivo. Em outras palavras, a ciência, a tecnologia e suas relações com a sociedade saturam nosso dia a dia se impõem como formas de viver e de pensar. (Castro et al., 2007, p. 3)

O Brasil vive uma crise na educação, apesar de ter hoje uma metodologia moderna que segue critérios adotados no método freireano e possuir uma abordagem com enfoque CTSA. A herança histórica de governos passados ainda gera impacto negativo no desenvolvimento do aluno e, no que diz respeito às políticas públicas voltadas a educação, parece que os atuais governos ainda não demonstraram real interesse em investir na educação do jovem brasileiro. O foco de escolas, professores, famílias e Estado tem sido sempre a ênfase em disciplinas de língua portuguesa e matemática, o que acaba por desconsiderar o potencial conhecimento científico de outras disciplinas na alfabetização da criança. Somado a isso, a educação atual não consegue cumprir totalmente seu papel, não capacitando a criança para que se torne um cidadão apto a viver e opinar no mundo do século XXI.

É nos anos iniciais do ensino fundamental que a criança começa a desenvolver sua capacidade crítica de compreensão da realidade que a cerca, e quando auxiliada pelo professor nesse processo, consegue promover avanços em seu desenvolvimento intelectual e social.

No nível de ensino fundamental, a apropriação do conhecimento deve ser dada de forma gradual, de modo a auxiliar o aluno a construir repertórios de imagens, fatos e noções, para que possa, nos anos finais desse ensino, consolidar a aprendizagem de conceitos científicos. Desse modo, deve haver uma preocupação, um olhar integral do professor e da sociedade para os anos iniciais do ensino fundamental, abandonando a política arcaica de que apenas língua portuguesa e matemática são importantes e abordando o conhecimento das ciências e sua relação com a sociedade.

Ocorre que, para isso, primeiramente é preciso formar o professor em diferentes metodologias, como a freireana, possibilitando também a ele uma abordagem CTSA. O propósito é rever práticas e processos considerados arcaicos, para que possa exercer seu papel efetivo na conscientização crítica do alunado.

> A formação de professores é a área de conhecimentos, investigação e de propostas teóricas e práticas que, no âmbito da Didáctica e da Organização Escolar, estuda os processos através dos quais os professores – em formação ou em exercício – se implicam individualmente ou em equipa, em experiências de aprendizagem através das quais adquirem ou melhoram os seus conhecimentos, competências e disposições, e que lhes permite intervir profissionalmente no desenvolvimento do seu ensino, do currículo e da escola, com o objetivo de melhorar a qualidade da educação que os alunos recebem.
> (Marcelo, 1999, p. 26)

O Programa das Nações Unidas para o Desenvolvimento Humano (PNUD) destaca que é necessária a aprendizagem de domínios fundamentais que devem ser prioritários desde a educação infantil e o ensino médio, dando ênfase ao ensino da leitura, da escrita, da matemática, mas também das ciências naturais, incentivando desde cedo a compreensão dessas ciências. É dessa forma que a abordagem CTSA pode auxiliar na alfabetização científica dos alunos do ensino fundamental, uma sequência didática interdisciplinar voltada a pesquisa e construção do conhecimento científico, por meio da discussão e reflexão sobre as vantagens e desvantagens geradas pelas tecnologias a sociedade.

> Diante da máxima que indica o conhecer para preservar, o currículo do ensino fundamental precisa contemplar a dimensão envolvida na questão da biodiversidade nativa, proporcionando que sejam conhecidas as espécies que se encontram no entorno da escola e da comunidade. Ao priorizar o conhecimento de espécies nativas, tanto da flora e fauna, contribuímos para o maior respeito pela ecologia local, valorizando as vivências diretas com o ambiente natural e chamando a atenção para a valorização de espécies da fauna e da flora da região. (Proença; Oslaj; Dal-Farra, 2014, p. 54-55).

A noção de cidadania construída desde o início do ensino fundamental, por meio de práticas de ciências, bem como o desenvolvimento de conteúdos relacionados aos temas de educação e saúde, educação ambiental, CTSA tem trazido bons resultados na formação do aluno cidadão. A educação CTSA proporciona a interação dos alunos com os elementos científicos e tecnológicos da vida social, e quando a construção é realizada desde o ensino infantil, a acepção do conhecimento se torna muito mais prática, com o aluno chegando ao nível superior com um posicionamento crítico e científico apurado acerca das situações cotidianas.

4.5.1 CTSA e desenvolvimento sustentável

A ideia de desenvolvimento sustentável surgiu na década de 1970, nos relatórios da União Internacional para a Conservação da Natureza (UICN), em razão da preocupação gerada pela crescente poluição, pelo desmatamento, pela diminuição das reservas hídricas e da preocupação com as futuras gerações. No entanto, somente ganhou notoriedade no final da década de 1980, na Conferência das Nações Unidas sobre Meio Ambiente e Desenvolvimento, ganhando ainda mais força na década de 1990 com a Rio-92.

> A década de 1990 consubstanciou o marco constitucional com adventos históricos como a Rio-92 e suas convenções internacionais, bem como um conjunto de leis fundamentais à PNMA, como a de Crimes Ambientais e de Recursos Hídricos, seguidas pela Política Nacional de Educação Ambiental (Lei nº 9.795/99), posteriormente regulamentada pelo Decreto nº 4.281/2002. Esses instrumentos legais

> determinaram os princípios, objetivos e diretrizes da educação ambiental, em consonância com documentos pactuados pela sociedade civil, como o Tratado de Educação Ambiental para Sociedades Sustentáveis e Responsabilidade Global (1992) e a Carta da Terra (1992). Esse conjunto de iniciativas de governo, parlamento e sociedade propiciaram relativa sintonia e efetividade ao processo de institucionalização da educação ambiental como política pública [...]. (Brasil, 2014, p. 11)

A educação CTSA tem o potencial de construir vias para um mundo muito mais sustentável, mais humano e cada vez mais tecnológico. A acepção crítica e humanizada das ciências possibilita ao homem desenvolver novas tecnologias que tenham menores impactos negativos na sociedade. A proposta se alia à busca de soluções aos desafios trazidos ao mundo moderno.

Paralelamente à Rio-92, houve a elaboração da Carta Brasileira para Educação Ambiental, reconhecendo-a como um recurso potencializador do desenvolvimento socioambiental. Ainda em 1992 o Ministério da Educação (MEC) estimulou a criação de novos centros com a perspectiva de formação em educação ambiental.

> Art. 1º Entendem-se por educação ambiental os processos por meio dos quais o indivíduo e a coletividade constroem valores sociais,

conhecimentos, habilidades, atitudes e competências voltadas para a conservação do meio ambiente, bem de uso comum do povo, essencial à sadia qualidade de vida e sua sustentabilidade. (Brasil, 1999)

Desenvolvimento sustentável é aquele que garante o atendimento às necessidades do tempo presente, sem comprometer a possibilidade de as gerações futuras atenderem suas necessidades. Infelizmente, organizações nacionais e internacionais, setores empresariais, setores do Poder Público e movimentos sociais se apoderaram do termo *desenvolvimento sustentável* de maneira política. Esses agentes usam o discurso de sustentabilidade com o objetivo de impor suas próprias interpretações e legitimar suas ações como boas e corretas.

> O mito converte-se em esclarecimento, e a natureza em mera objetividade. O preço que os homens pagam pelo aumento de seu poder é alienação daquilo sobre o que exercem o poder. O esclarecimento comporta-se com as coisas como o ditador se comporta com os homens. Este os conhece na medida em que pode manipulá-los. O homem de ciência conhece as coisas na medida em que pode fazê-las. (Adorno; Horkheimer, 1985, p. 24)

Desenvolvimento é um termo polissêmico, que pode ser entendido como desdobramento das capacidades humanas, sociais, culturais, ambientais, éticas, de igualdade para as espécies humana e não humana.

A crítica acerca do modelo de desenvolvimento sustentável paira na ideia do lucro e das necessidades do mercado; por esse motivo, mesmo com as tentativas de ampliação desse conceito sugerido pela Organização das Nações Unidas (ONU), há de se verificar o equívoco cometido ao não se reconhecer os reais motivos da pobreza, das desigualdades e da degradação ambiental.

Para alguns educadores, a educação voltada ao desenvolvimento sustentável é uma falácia, sem a possibilidade de haver desenvolvimento e melhoria qualitativa. Assim, o capitalismo como tal não permite a sustentabilidade do mundo, o simples conceito de desenvolvimento sustentável seria um freio ao capitalismo.

Sob outra perspectiva, "[...] Não se trata de ver o desenvolvimento e o meio ambiente como contraditórios (o primeiro 'agredindo' o segundo e este limitando o primeiro), mas de reconhecer que eles estão estreitamente vinculados, que a economia e o meio ambiente não podem ser tratados como estando separados" (Vilches; Gil Pérez; Praia, 2011, p. 176).

Os professores Kerk e Manuel (2008) têm outro ponto de vista acerca do assunto e criaram um conceito do que poderia ser uma sociedade sustentável; para eles, a sociedade sustentável é aquela em que cada ser humano:

i) é capaz de se desenvolver de forma saudável e de obter uma formação adequada; ii) vive em um ambiente limpo; iii) vive em uma sociedade bem equilibrada e segura; iv) usa recursos não renováveis de forma responsável para que as gerações futuras não fiquem desprevenidas; v) contribui para um mundo sustentável. (Kerk; Manuel, 2008, p. 4, tradução nossa)

Podemos concluir que o conceito de sustentabilidade se desenvolveu de maneira negativa. A CTSA nos ajuda a chegar a essa conclusão, pois, mediante a pesquisa e a investigação científica, reconhece-se a situação caótica, observando-se um cenário repleto de problemas ambientais.

Uma vez legitimada a esfera da educação ambiental, emerge uma nova exigência de escolha ético-política. Afinal, a definição da educação como ambiental é um primeiro passo importante, mas também insuficiente se queremos avançar na construção de umas práxis, uma prática pensada que fundamenta os projetos e os põe em ação [...]. (Carvalho, 2004, p. 18)

Esses ideais, pautados em um saber ético, ainda são deixados de lado e não temos sua implementação, tendo em vista que seguimos ainda um modelo de desenvolvimento arcaico, que não demonstra a real preocupação com o meio ambiente.

Exemplificando

Em 2015, a cidade de Mariana, em Minas Gerais, sofreu com um desastre ambiental de grandes proporções, causado pelo rompimento de uma barragem usada para guardar rejeitos de minério de ferro. Com o rompimento, houve a liberação de mais de 62 milhões de metros cúbicos de rejeitos, afetando, além do meio ambiente, a sociedade como um todo. O impacto foi negativo para a economia local da região, houve a destruição de locais turísticos e alguns lugares foram afetados por radiação, tornando-os desertos.

O contexto de mundo atual nos convida a construir outro modelo de desenvolvimento sustentável, rompendo com os velhos paradigmas, movidos pela lógica do consumismo, do lucro e da obsolescência de mercadorias. Não há como pensar em um mundo para o próximo com a quantidade de lixo que produzimos nos dias atuais.

Eis o que diz Habermas sobre esse assunto (2006):

> Em vez de se tratar a natureza como objeto de disposição possível, poderíamos considerá-la como o interlocutor de uma possível interação. Em vez da natureza explorada, podemos buscar a natureza fraternal. Na esfera de uma intersubjetividade ainda incompleta podemos presumir subjetividade nos animais, nas plantas e até nas pedras, e comunicar com a natureza, em vez de nos limitarmos a trabalhá-la com rotura da comunicação. (Habermas, 2006, p. 53).

Desse modo, mostra-se necessário abandonar conceitos e costumes para migrar para um desenvolvimento consciente, explorando a natureza com racionalidade, diminuindo a produção de lixo e buscando políticas públicas de melhoria socioambiental.

Devemos buscar uma educação crítica, partindo do ponto em que vivemos para uma dimensão global, em que cada sociedade deverá construir seu modelo de sustentabilidade. Isso somente será possível quando houver uma contextualização disciplinar, ou seja, um estudo científico abordando a realidade fática, algo possível através da abordagem CTSA.

> O Estilo de Pensamento Ambiental Crítico-Transformador envolve uma visão mais ampla do processo educativo, compreendendo e analisando os problemas ambientais em suas múltiplas dimensões: naturais, históricas, culturais, sociais, econômicas e políticas. Esse EP [Estilo de Pensamento] apresenta uma abordagem globalizante de meio ambiente, sendo desenvolvido numa perspectiva crítica, ética e democrática, preparando cidadãos que se empenhem na busca de um melhor relacionamento com o seu mundo, questionando as causas dos problemas ambientais e que tenham preocupações com os componentes ambientais em suas especificidades e interações, tecendo redes visíveis e invisíveis ao seu redor. A transdisciplinaridade está embutida na EA, seu viés holístico, sua rede de ação múltipla, sua essência de participação individual e coletiva. (Lorenzetti, 2008, p. 366)

A perspectiva CTSA tem evidenciado a importância de uma educação em ciências e tecnologia para todos os cidadãos, a fim de que eles compreendam o funcionamento da ciência na sociedade, desvelando as formas como ela se articula com determinados interesses e o modo como ela altera nosso relacionamento com a sociedade e com a natureza. Assim, ensinar ciências no contexto contemporâneo deve ir além da mera apresentação de teorias, leis e conceitos científicos, implicando a reflexão sobre o que estudantes entendem por ciência e tecnologia na sociedade em que vivem (Lorenzetti, 2008).

A ideia do conhecimento e da preservação do meio ambiente como modelo educacional por si só pode não gerar resultados satisfatórios, sem que haja uma investigação do problema enfrentado. Portanto, é necessária a perspectiva CTSA nas escolas, levando o aluno desde as séries iniciais a desenvolver um pensamento crítico acerca do ambiente em que vive, buscando mediante o conhecimento adquirido soluções para os problemas vividos no meio ambiental. Para Lima (2002, citado por Monteiro, Sánchez; Rodrigues, 2012, p. 103), "o processo de EA que não busque alterar os padrões de distribuição de poder, riqueza, conhecimento, informação e de acesso aos recursos naturais e tecnológicos não pode ser reconhecido em sua autenticidade e legitimidade".

O compromisso de uma educação voltada ao exercício da cidadania exige uma prática educacional direcionada à compreensão da realidade social, respeitando direitos e deveres sociais e ambientais, que sejam sempre pautados na ética.

> As pessoas não nascem boas ou ruins; é a sociedade, quer queira, quer não, que educa moralmente seus membros, embora a família, os meios de comunicação e o convívio com outras pessoas tenham influência marcante no comportamento da criança. E, naturalmente, a escola também tem. É preciso deixar claro que ela não deve ser considerada onipotente, única instituição social capaz de educar moralmente as novas gerações. Também não se pode pensar que a escola garanta total sucesso em seu trabalho de formação. Na verdade, seu poder é limitado. Todavia, tal diagnóstico não justifica uma deserção. Mesmo com limitações, a escola participa da formação moral de seus alunos. Valores e regras são transmitidos pelos professores, pelos livros didáticos, pela organização institucional, pelas formas de avaliação, pelos comportamentos dos próprios alunos, e assim por diante. Então, ao invés de deixá-las ocultas, é melhor que tais questões recebam tratamento explícito. Isso significa que essas questões devem ser objeto de reflexão da escola como um todo, ao invés de cada professor tomar isoladamente suas decisões. Daí a proposta de que se inclua o tema Ética nas preocupações oficiais da educação. (Brasil, 1997, p. 51)

Bybee (1987), ao desenvolver uma estrutura conceitual para a educação CTSA, identificou três objetivos gerais: (i) aquisição de conhecimentos; (ii) utilização de habilidades; e (iii) desenvolvimento de valores. Portanto, o desenvolvimento de valores e ideias pode ser realizado na educação CTSA por meio do estudo de questões locais, políticas públicas e problemas globais. Para Loureiro, Layragues e Castro (2011, p. 73), "uma práxis educativa e social que tem por finalidade a construção de valores, conceitos, habilidades e atitudes que possibilitem o entendimento da realidade de vida e a atuação lúcida e responsável de atores sociais individuais e coletivos no ambiente". Os valores éticos são tidos como elementos fundamentais para todo o processo educativo, podendo ser vistos como qualidades estruturais no desenvolvimento de uma pessoa, proporcionando novos meios de pensar, de atuar, de agir e de ser. Em suma, constitui, assim, a tomada de consciência, gerando compreensão, autoestima, humanização das ações sociais e ambientais.

Você sabia?

Com os avanços científicos e tecnológicos, temos a possibilidade de desenvolver motores elétricos, que não poluem a camada de ozônio; trata-se de uma tecnologia benéfica à sociedade e ao meio ambiente.

Dessa forma, pensar e atuar criticamente diante do ensino ambiental é entender o meio ambiente como parte de um campo social, no qual há grupos que lutam incansavelmente pela hegemonia, distorcendo ideias, segregando, individualizando e dicotomizando a fim de perpetuar seu domínio.

Silva e Carvalho (2012) também explicitam essa concepção integrada para o meio ambiente, fazendo uma investigação acerca das compreensões de licenciados em física sobre a temática ambiental, trazendo um trabalho coerente com a perspectiva CTSA, conforme se evidencia no excerto a seguir:

> ao analisar as concepções dos cientistas sociais sobre a temática ambiental, destaca que uma parte desta é eminentemente tecnicista. Para o autor, concepções dessa natureza colocam em segundo plano a dimensão social da temática ambiental, ao diluírem as implicações políticas de seu manejo – como se as soluções técnicas não envolvessem decisões políticas, interesses, projetos, perspectivas conflitantes etc. (Silva; Carvalho, 2012, p. 370)

O diferencial proporcionado pelo enfoque CTSA é a contextualização das ciências e tecnologias no ambiente em que vivemos, com uma abordagem crítica acerca dos impactos socioambientais promovidos pelas novas tecnologias e pelo desenvolvimento das ciências. A esse respeito, Silva e Carvalho afirmam que:

o ambiente não é apenas físico, químico ou biológico, do mesmo modo que não é apenas social, histórico e econômico; a temática ambiental envolve o diálogo entre os saberes sistematizados e entre estes e os conhecimentos populares ou do senso comum. Nessa perspectiva, o ambiente é um campo de problematização do conhecimento. (Silva; Carvalho, 2012, p. 381)

A abordagem CTSA pode ser considerada um modo de proteção da sociedade e do meio ambiente. Desenvolver um pensamento crítico que permita participar das decisões sociais e ambientais é o modo mais efetivo de desenvolver tecnologias mais limpas, políticas públicas mais viáveis a proteção do meio ambiente, solucionando os impasses impostos pelas atuais tecnologias.

Exercício resolvido

Qual é a importância da educação com uma abordagem na perspectiva CTSA para termos um mundo mais sustentável?

a) O desenvolvimento de novas tecnologias mais limpas para o mundo.

b) A diminuição da pobreza por meio do desenvolvimento de novas políticas públicas.

c) O surgimento de uma nova perspectiva de desenvolvimento sustentável, por meio de um pensamento crítico e humanizado, visando a uma educação ambiental que possibilite vencer desafios existentes nos dias atuais.

d) A interação entre a ciência e a tecnologia para diminuição dos impactos no meio ambiente.

Gabarito: c

Feedback: Por meio da pesquisa sobre as ciências e tecnologias, o aluno desenvolverá meios de vencer os desafios impostos pela realidade do meio em que vive.

Como temos apontado ao longo desta obra, a principal finalidade da educação ambiental com abordagem na perspectiva CTSA é ter uma visão integrada, relacionando a ciência com as tecnologias e evidenciando os impactos sociais e ambientais. É necessário que sociedade, professores e políticos tenham um olhar para essa perspectiva, pois só assim encontraremos soluções para diversos dos desafios contemporâneos.

A tecnologia é importante em vários setores como da indústria, cosméticos, informática, alimentação, e na medicina. Alguns exemplos do seu uso estão no desenvolvimento de combustível, no uso de transgênicos, para prevenirmos doenças, antes mesmo delas se manifestarem, no rejuvenescimento das células (antiidade) entre outros. Apesar desses benefícios, podemos expor os riscos causados ao meio ambiente, como o desenvolvimento de armas químicas,

> toxidade e desenvolvimento de câncer entre outros. Enfim, o avanço da tecnologia para a nanotecnologia e seu uso são importantes para a humanidade? Ou trazem riscos para o ambiente e para a espécie humana? Devemos investir nessas pesquisas? (Santos; Kato, 2013, p. 43-44)

Conforme mencionamos, a pesquisa no âmbito da educação em CTSA ajuda na descoberta dos impactos que a tecnologia gera, muitas vezes desestruturando ecossistemas, causando poluição e lançando a sociedade para uma crise futura. Um exemplo é a abordagem científica acerca da ação dos agrotóxicos.

> os agrotóxicos agem no ambiente de duas formas: acumulam-se na biota e contaminam água e solo. [...]. Ainda, uma importante consequência dos agrotóxicos na biota e no solo tem relação com a polinização. Em especial, abelhas polinizadoras têm sido afetadas pelos agrotóxicos, o que tem graves consequências sobre a qualidade e a quantidade de alimentos disponíveis no planeta, por cumprirem importante papel de manter a resiliência dos ecossistemas. (Andrade et al., 2016, p. 174)

O enfoque CTSA possibilita um estudo crítico, levantando benefícios e malefícios causados pelos agroquímicos. A questão é que fica cada vez mais claro que a balança pesa muito mais para o lado dos malefícios, e devemos nos perguntar qual o custo social, ambiental e de saúde dos agrotóxicos, observando as inúmeras consequências do uso desses pesticidas.

Desse modo, podemos concluir que a educação ambiental precisa ter uma proposta pedagógica centrada na conscientização do indivíduo, promovendo uma mudança comportamental e estimulando a integração socioambiental. Esse é um papel desafiador diante das políticas que enfrentamos na atualidade; por esse motivo, é importante a participação de toda a sociedade nessas políticas educacionais, para podermos caminhar rumo a um futuro menos caótico.

4.5.2 CTSA e Covid-19

No ano de 2020, fomos surpreendidos por uma pandemia. A sociedade precisou tomar medidas de restrição para minimizar os efeitos da doença Covid-19, classificada como uma doença produzida pelo vírus SARS-CoV-2, tornando-se uma emergência de saúde internacional.

Por se tratar de uma doença e de uma situação nova, as lacunas de informação e conhecimento ainda são muito grandes, os países adotaram medidas de distanciamento social a fim de minimizar a velocidade de transmissão da doença.

> Muitos países implementaram uma série de intervenções para reduzir a transmissão do vírus e frear a rápida evolução da pandemia. Tais medidas incluem o isolamento de casos; o incentivo à higienização das

> mãos, à adoção de etiqueta respiratória e ao uso de máscaras faciais caseiras; e medidas progressivas de distanciamento social, com o fechamento de escolas e universidades, a proibição de eventos de massa e de aglomerações, a restrição de viagens e transportes públicos, a conscientização da população para que permaneça em casa, até a completa proibição da circulação nas ruas, exceto para a compra de alimentos e medicamentos ou a busca de assistência à saúde. Essas medidas têm sido implementadas de modo gradual e distinto nos diferentes países, com maior ou menor intensidade, e seus resultados, provavelmente, dependem de aspectos socioeconômicos, culturais, de características dos sistemas políticos e de saúde, bem como dos procedimentos operacionais na sua implementação. (Aquino et al., 2020, p. 2)

Nesse momento, a ciência teve um papel importante na compreensão dessa nova doença e de seus efeitos, pois só assim se buscariam soluções. Pesquisadores e cientistas de todo o mundo estão se mobilizando para buscar informações e estimativas acerca do vírus e suas variantes.

A Organização Mundial de Saúde (OMS) promoveu pesquisas em todo o mundo, no intuito de reunir cientistas e identificando prioridades na pesquisa, detalhando informações críticas para que esse esforço gere resultados satisfatórios. Na Base Nacional Comum Curricular (Brasil, 2018, p. 474-475), está expresso:

São definidas competências e habilidades, nas diferentes áreas, que permitem aos estudantes:

- buscar dados e informações de forma crítica nas diferentes mídias, inclusive as sociais, analisando as vantagens do uso e da evolução da tecnologia na sociedade atual, como também seus riscos potenciais;
- apropriar-se das linguagens da cultura digital, dos novos letramentos e dos multiletramentos para explorar e produzir conteúdo em diversas mídias, ampliando as possibilidades de acesso à ciência, à tecnologia, à cultura e ao trabalho;
- usar diversas ferramentas de *software* e aplicativos para compreender e produzir conteúdo em diversas mídias, simular fenômenos e processos das diferentes áreas do conhecimento, e elaborar e explorar diversos registros de representação matemática; e
- utilizar, propor e/ou implementar soluções (processos e produtos) envolvendo diferentes tecnologias, para identificar, analisar, modelar e solucionar problemas complexos em diversas áreas da vida cotidiana, explorando de forma efetiva o raciocínio lógico, o pensamento computacional, o espírito de investigação e a criatividade.

Essas pesquisas contam com a perspectiva CTSA, em que os cientistas buscam, com auxílio dos mais diversos meios, conhecer e compreender primeiramente os efeitos do vírus na população, como ele evolui para formas mais graves, bem como qual a taxa de letalidade do vírus.

A nova tecnologia está se tornando essencial em diversos setores; a educação e a pesquisa científica são alguns deles. Dourado et al. (2014, p. 357) retratam como elas vêm sendo aplicadas:

> Na atualidade, a tecnologia está sendo aplicada cada vez mais intensamente nas mais diversas áreas da sociedade e, com esse desenvolvimento, as tecnologias de informação e comunicação – TIC – estão provocando uma série de mudanças na vida das pessoas em um curto espaço de tempo. Assim, a educação, por estar inserida nessa sociedade, também está passando por essas transformações quanto às relações de ensino no que tange às práticas dos professores e às formas de aprendizagem dos estudantes.

A abordagem científica na perspectiva CTSA evidencia a formação do pensamento crítico em relação às nossas ações no meio social, buscando a ênfase curricular no ensino de ciências e propondo mudanças em conformidade com os contextos históricos social e ambiental.

Desse modo, o estudo investigativo dos efeitos da doença Covid-19, dos comportamentos do vírus, sua sobrevivência fora do hospedeiro, levando em consideração todo o contexto mundial, não seria eficaz sem que houvesse a abordagem CTSA.

A ciência e a tecnologia no estudo do coronavírus já possibilitaram o surgimento de vacinas, as quais começaram a ser administradas em 2021. A pesquisa ainda não terminou, mas, hoje, graças a uma abordagem contextualizada dessa doença, levando em consideração o comportamento dela no ser humano em diferentes faixas de idade, temos uma gama de informações muito mais precisas que ajudam no combate à pandemia.

O Brasil, apesar das fragilidades que enfrenta em suas estruturas de ciência e tecnologia, além dos recentes cortes de investimentos no setor de pesquisa, ainda se mostra capaz de contribuir de forma importante em um momento tão grave como esse.

O enfrentamento de uma pandemia como essa requer, mais do que nunca, comprometimento e opiniões especializadas de cientistas e pesquisadores que tenham a capacidade de contextualizar a situação do vírus e dinamizar as pesquisas. Com isso será possível produzir respostas necessárias ao combate dessa pandemia.

Exercício resolvido

Qual é a importância de um olhar mais comprometido com a educação em todos os níveis, usando a abordagem CTSA, bem como a realização de investimentos pesados em pesquisas nas universidades brasileiras?

a) O desenvolvimento crítico do aluno, bem como o surgimento de novas tecnologias, que podem auxiliar as mais diversas áreas sociais e ambientais.

b) A diminuição da pobreza por meio da elitização do ensino.

c) A criação de tecnologias aplicadas ao mundo capitalista selvagem em que vivemos, possibilitando o aumento desenfreado da utilização dos recursos naturais.

d) A extinção de ideias comunistas como a metodologia de Paulo Freire.

Gabarito: a

Feedback: As pesquisas realizadas em faculdades são de extrema importância para a sociedade e o meio ambiente. Um exemplo é a vacina desenvolvida em Oxford para auxílio no combate ao coronavírus. Investir na educação pode ser a melhor estratégia para o ser humano lidar com pandemias e desastres.

A pesquisa acerca do SARS-CoV-2, com o enfoque CTSA, pode ser traduzida como a busca incessante de uma luz no fim do túnel, capaz de salvar toda a população da pandemia. Para isso, são necessários olhares direcionados à educação, aos centros de pesquisa, direcionando investimentos para faculdades e centros científicos e tecnológicos, possibilitando a capacidade de respostas futuras e adequadas em áreas tão relevantes.

Para saber mais

Leia na íntegra os artigos a seguir indicado para obter mais informações do movimento CTSA e da metodologia Paulo Freire.

FERNANDES, I. M. B.; PIRES, D. M.; DELGADO-JONAS, J. Perspectiva Ciência, Tecnologia, Sociedade, Ambiente (CTSA) nos manuais escolares portugueses de Ciências Naturais do 6º ano de escolaridade. **Ciência & Educação**, Bauru, v. 24, n. 4, out.-dez. 2018. Disponível em: <https://www.scielo.br/scielo.php?script=sci_arttext&pid=S1516-73132018000400875>. Acesso em: 16 dez. 2021.

I DO CODE. **Metodologia Freiriana**: educação para a autonomia e liberdade. 2019. Disponível em: <https://idocode.com.br/blog/educacao/metodologia-freiriana/>. Acesso em: 16 dez. 2021.

A pandemia que vivenciamos deixa claro o quanto o olhar direcionado para ciências e tecnologias é importante. O uso de metodologias educacionais mais efetivas como a metodologia de Paulo Freire e o enfoque CTSA têm um papel importante na formação de cidadãos pesquisadores, críticos e humanizados.

Síntese

- O movimento CTSA teve início após acontecimentos negativos ocorridos após a Segunda Guerra Mundial, mostrando a necessidade de um olhar mais sério e compromissado diante da ciência e da tecnologia.
- A metodologia freireana tem algumas similaridades com o movimento CTSA.
- A ciência deve ser estudada com enfoque nos problemas socioambientais.
- No contexto CTSA, o aluno aprende a desenvolver um pensamento crítico e humanizado, qualificando-se para uma participação efetiva no meio em que vive.

Diferença entre letramento e alfabetização em CTSA

5

Conteúdos do capítulo

- Alfabetização e letramento em CTSA – a linguagem do futuro.
- Conceito de alfabetização.
- Conceito de letramento.
- Diferenciação entre alfabetização e letramento.
- Perspectivas para a alfabetização.
- Perspectivas para o letramento.

Após o estudo deste capítulo, você será capaz de:

1. identificar, desde a forma mais elaborada até a mais simplista, a diferença entre alfabetização e letramento; em específico associados ao CTSA;
2. elucidar o conceito de alfabetização, tendo em vista que a linguagem não verbal ultrapassou as barreiras e se tornou preponderante na comunicação dos últimos tempos;
3. explicar como os signos expostos pela alfabetização tradicional ainda são fundamentais para a comunicação e linguagem da sociedade pautada pelas novas tecnologias e ciências;
4. detalhar como os signos dispostos no letramento se dispõem em relação às novas ciências e tecnologias e como estas podem formar um enlace orgânico com a alfabetização;
5. fornecer exemplos práticos de como o CTSA inseriu novas demandas e problemáticas para a comunicação social e como esta se transforma na medida em que novas circunstâncias são apresentadas;

6. elaborar um pensamento crítico sobre o que as novas tecnologias apresentam de valioso para a geração, mas, principalmente, do que impedem em relação a um avanço orgânico da linguagem e do aprendizado;
7. desenvolver soluções que compreendem a relação cada vez mais forte entre tecnologia, ciência e os aprendizados orgânicos obtidos pela alfabetização e pelo letramento.

Ao considerarmos os cenários dos métodos de ensino e do estudo em CTSA, precisamos, de imediato, fazer uma análise de todo o sistema vigente nos últimos anos.

O letramento e a alfabetização em CTSA levam a perceber, *a priori,* a diferenciação dos conceitos em suas acepções nascidas na pedagogia e na linguística. Os padrões de alfabetização desenvolvidos ao longo dos anos revelam a evolução da linguagem do ensino e o modo como suas propostas foram adaptadas às novas plataformas tecnológicas em massa na medida em que os avanços foram se solidificando.

Ora, se a comunicação, agora mais completa, tem de se adaptar a um novo mundo, em que os símbolos contemplam um rol maior de significantes, não é diferente com o letramento e a alfabetização.

As atividades de ler e escrever têm sido revistas em um contexto marcado pela era digital e pela globalização. Nesse cenário, os referidos conceitos extrapolam aquilo que é a superfície do texto e a habilidade de se comunicar pela palavra escrita, expandindo-se para a competência de lidar com as ferramentas tecnológicas disponíveis e as práticas sociais que são permeadas pela tecnologia e pela internet.

Sabendo disso, é óbvio que o ensino e a aprendizagem em linguagens e em língua são profundamente afetados.

5.1 Alfabetização e letramento em CTSA: a linguagem do futuro

Podemos iniciar nossos estudos sobre alfabetização e letramento citando um importante estudioso da educação e da linguagem do futuro e do presente: Alvin Toffler. Para ele, o analfabeto do século XXI não será aquele que não consegue ler e escrever, mas aquele que não consegue aprender, desaprender e reaprender.

Esse pensamento de Toffler se torna ainda mais pertinente quando associamos o estudo de alfabetização não apenas à apreensão de símbolos linguísticos ou à mera compreensão do que um texto verbal apresenta, mas a toda uma compreensão de signos que passaram a fazer parte do novo cotidiano social. Tal comparativo passa a ser válido se analisarmos os meandros da comunicação em meio aos canais mais práticos e determinantes como, por exemplo, os da política.

Nada se caracteriza melhor em relação à linguagem como a sua forma expositiva: a comunicação. Nos meios de comunicação, as mudanças ocorreram em uma velocidade muito acentuada, criando direcionamentos que surpreenderam todos os prognósticos criados ao longo da jornada jornalística.

A internet forçou os jornais impressos e as mídias a se adaptarem aos novos tempos. Novas tecnologias foram sobrepostas e fundidas, de modo que as mídias tradicionais passaram por um processo chamado de *convergência digital*.

No século XIX, com a introdução das prensas a vapor e do papel de jornal, a dita *mídia popular* foi consolidada, jornais a preços populares e livros passaram a ser produzidos em grande escala.

A segunda transformação ocorreu no início do século XX, com a introdução da transmissão por ondas eletromagnéticas, gerando, por consequência, o rádio e, posteriormente, a televisão, nas décadas de 1920 e 1940.

A distribuição de informação, a transição da forma como ela é traduzida, o armazenamento dos fatos e a forma como ela é estruturada em computadores denotaram a onda de transformações que passaram a ser um *continuum*, não podendo ser facilmente periodizadas.

A computadorização como mote para a mudança dos serviços laborais da década-século-milênio agregava todas as formas de produção que inicialmente foram transitórios no jornalismo: áudio, vídeo e impressão no papel. Antes, havia limites bem-definidos e, burocraticamente, métodos de entrada e saída, agora se confundiam e transmutavam a um único elemento: a internet.

Tal qual exposto, a política, em especial, a partidária, sofreu claras mudanças com a criação de novas linguagens e da adição do CTSA ao *modus operandi* da comunicação social como um todo.

Exercício resolvido

A alfabetização é composta pela aprendizagem do alfabeto e da utilização desse código para a comunicação entre os pares e os indivíduos em sociedade. A utilização desse código é fundamental para a formalização da linguagem e da transmissão do que pretende ser dito e lido em qualquer estrutura comunicativa. Considerando os avanços tecnológicos percebidos na introdução deste capítulo e a inserção das ciências e das tecnologias de forma mais incisiva na comunicação humana, como podemos entender a influência desse tipo de linguagem na política partidária moderna?

a) A política segue um *modus operandi* único e que independe de qualquer plataforma, seja moderna, seja mais antiquada. Dessa forma, a alfabetização em CTSA contém novos signos a serem aprendidos por quem se propõe a adentrar este universo.

b) Todos os segmentos da sociedade foram afetados com o avanço das ciências e tecnologias; e com a política não foi diferente. As mídias digitais fazem parte da estratégia vencedora de cada político da atualidade e têm sido notadas ao longo dos anos.

c) Apesar do claro avanço das tecnologias e dos diferentes códigos de comunicação que são inseridos ao longo dos anos, a política caminha e se multiplica por vias autônomas, tirando o peso das novas formas de comunicação e do CTSA em seu desenvolvimento moderno.

d) As novas tecnologias ditam em sua totalidade tudo o que deve ser proposto e executado pelos políticos que pretendem êxito em suas pretensões partidárias e políticas, uma vez que as inserções do CTSA mudaram todos os paradigmas comunicacionais e as relações humanas.

Gabarito: b

Feedback: Em resposta às outras opções, tendo em vista que, apesar da inserção de novas tecnologias e a assertiva de que elas alteraram todos os rumos da comunicação moderna, o que deve ser entendido pelo discente é que, apesar das alterações causadas pelas novas tecnologias, estas precisam andar em conjunto com o orgânico e o pessoal.

Entendamos: o objeto estudado sobre a alfabetização em CTSA é a política, e nela se percebem sintomas claros das alterações ocasionadas pela mudança de paradigmas estabelecida pela tecnologia e pelas ciências.

Outrora, um político que se comunicava pelas redes sociais era tido como um trunfo (embora não determinante) em detrimento a muito do que se podia ser exposto na política; entretanto, com as novas determinantes tecnológicas, algo considerado um bônus é tido como um fundamento para o sucesso de qualquer corrida eleitoral.

Este exemplo é utilizado para a fundamentação e comprovação de que hoje lidamos com outro tipo de linguagem: enriquecida e determinada pelo que a tecnologia determinou como essencial para as relações humanas e laborais.

5.2 Conceito de alfabetização

Como já informamos, a alfabetização consiste na total apreensão do alfabeto, ou seja, dos signos máximos da linguagem para que esta sirva de instrumento para a comunicação entre os seres humanos.

O conceito básico de alfabetização compreende o domínio das atividades básicas de leitura e escrita, embora a fala também seja um indicativo de toda a apreensão dos signos e de seus significados enquanto entendimento. Essa habilidade é adquirida com a capacitação em compreender uma leitura, escrever textos, operar numerações (no sentido de ordem matemática) etc.

A importância da alfabetização ultrapassa o mero conceito utilitarista de entender uma ideia para que ela seja reproduzida. A alfabetização promove uma via aberta para a sociabilidade.

É interessante entender, no entanto, que alfabetização, mesmo antes de sua ramificação em razão da inserção de novas tecnologias, ganhou novas conotações que ultrapassam a mera ideia de entender os signos; afinal, deve-se compreender também os significantes. É desse entendimento que deriva o conceito de *analfabetismo funcional*.

❓ O que é?

Analfabetismo funcional: se o analfabetismo corresponde à não compreensão dos símbolos e das operações relativas a comunicação, leitura e escrita, o analfabetismo funcional opera no – ainda que exista a compreensão dos símbolos – não entendimento do discurso. No analfabetismo funcional, tem-se a capacidade de ler um texto, mas não se compreende o seu discurso, não se entende o que quer dizer a menos que haja uma explicação didática posterior. Vejamos a seguir um exemplo:

Emissor: O ônibus sairá da ALA 3 da rodoviária da cidade às 18h00 do dia 19/09.

Receptor: De onde o ônibus sairá?

Percebemos que o texto do emissor contempla informações básicas e completas com relação ao local e ao horário que o ônibus sairá. O exemplo do receptor que se questiona de onde sairá o ônibus revela um caso de analfabetismo funcional.

O receptor teve a capacidade cognitiva de ler a mensagem do emissor, entender os signos dispostos que o transformam em uma mensagem, mas não conseguiu captar as informações ali explicitadas.

> Receptor é a pessoa a quem o remetente dirige sua mensagem. A pessoa específica a quem a mensagem é endereçada não é "qualquer receptor ou ouvinte ocasional", mas sim "aquele escolhido pelo remetente", a mensagem sendo construída especialmente para ele.
> Assim, o destinatário condiciona o formulário e a própria mensagem.

A importância de entender o analfabetismo funcional no Brasil é objeto de atenção da alfabetização em CTSA. Considerando que os símbolos que formam o "ler e escrever" dizem respeito a uma categoria pragmática de entendimento de simbologias e operações, o CTSA se aproxima muito mais de uma nova formação de percepção e apreensão do conhecimento.

As vias tecnológicas passam por um entendimento mais prático de mundo, menos movido a um conhecimento gramatical, por exemplo, levando assim ao pensamento popularizado de Alvin Toffler a respeito dos que são analfabetos no século XXI. A capacidade descrita por Toffler de "aprender e desaprender" transita pelo processo de desapego de uma educação taxativa e sem abertura para novas situações e oportunidades.

A alfabetização – bem ou mal – sempre passou pela imposição de um pensamento demasiadamente acadêmico, trazendo o aluno para uma vocação intelectual que, por muito, não compete à grande parte das pessoas, ainda mais se considerarmos que muitos serviços oferecidos ao brasileiro fazem parte do terceiro setor, ou seja, são atividades práticas. "Será indispensável aos jovens que ingressam no mercado de trabalho entender essas novas tecnologias, o quanto elas diferem das práticas antigas, como irão afetar nossas vidas pessoal ou coletivamente, num novo tipo de sociedade da era da informação" (Dizard Júnior, 1998, p. 23).

Considerando a Revolução Industrial como grande sintoma da transformação de pensamento e ação que movem as pessoas, principalmente pela necessidade básica de obter renda e sobrevivência, os grandes trunfos da vida moderna são habilidades que representam a tecnologia e sua manutenção.

Ainda seguindo pelo espectro político, percebemos, tanto quanto no *marketing*, a inserção de conteúdos dinâmicos e que optam pela adaptação da linguagem, outrora, caracterizada pelo excesso de formalidade; não se estão formando exatamente intelectuais, mas bons operadores das redes sociais.

Em vez de uma plataforma agir em confronto à outra, segundo o clichê "analógico *versus* digital", está em curso um processo transmídia, em que duas plataformas inicialmente análogas uma a outra, na prática, retroalimentam-se por suas benesses serem tão impactantes quanto suas carências.

A adaptação do discurso ao público se tornou uma máxima dos dias e passou a ser a dinâmica comunicacional e linguística dos novos ciclos de alfabetização.

5.3 Conceito de letramento

Para o entendimento completo do conceito de *letramento*, precisamos fazer uma recapitulação em relação ao conceito de *alfabetização*. A alfabetização, por vias simples, é a ideia de aprender a leitura e a escrita. O letramento é, então, a utilização dessa habilidade de ler e escrever. A alfabetização é a teoria da leitura e da escrita e o letramento é sua prática.

A prática da alfabetização é um movimento emancipatório e de função social invariável. Com a utilização dos símbolos aprendidos em seu território, constituem-se uma identidade e formas de comunicação próprias.

Sobre os estudos a respeito do letramento, percebemos alguns pilares que constituem sua categoria: o impacto social da linguagem no sentido individual e no sentido coletivo ideológico. O entendimento de seu ponto de vista individual e prático é ter o pragmatismo como aliado linguístico ao comunicar determinada mensagem (seja ela verbal ou não). O viés ideológico é calcado na utilização da língua como fonte de disseminação cultural, social e de poder. Para um melhor entendimento, podemos considerar o primeiro ponto de vista como uma via de decodificação de uma operação quase matemática e o outro ponto de vista como sua personalização mais profunda.

Exercício resolvido

Considerando os estudos sobre o entendimento pragmático e o entendimento ideológico do letramento, podemos considerar o seguinte cenário hipotético em relação ao desenvolvimento destes conceitos: Felipe mora na periferia de Belo horizonte e tem dificuldades em relação à escrita no registro formal, não conseguindo aplicar a norma culta em suas produções textuais. Sua fala vem carregada de gírias e expressões típicas do território em que habita. No entanto, ele demonstra uma grande capacidade para a rima e para a composição de músicas de *rap* e *trap*. Como a escola em que Felipe estuda deve se comportar em relação a suas dificuldades e suas habilidades?

a) Ainda que Felipe apresente habilidades e características notáveis em música, a escola precisa se impor a respeito das regras gramáticas e reprová-lo sempre que necessário, para que ele exerça a prática da norma culta da língua portuguesa.

b) A escola deve se adequar em sua totalidade às habilidades de Felipe no que diz respeito à utilização da língua e do letramento, fazendo uma avaliação individual precisa e levando em consideração sua desenvoltura em outras habilidades.

c) A escola deve intervir na forma como Felipe desenvolve suas letras para as músicas, uma vez que precisa existir uma unidade global no modo como os cidadãos brasileiros devem se expressar.
d) É necessário ponderação e equilíbrio com as habilidades de Felipe. Ao mesmo tempo em que seus talentos podem e devem fazer parte de avaliação personalizada, não apenas dele, mas de outros alunos (considerando esta realidade), ele tem de ser estimulado a desenvolver competências relativas ao uso na norma culta da língua.

Gabarito: d

Feedback: Parte do reconhecimento do letramento como ciclo fundamental do processo de alfabetização é justamente o entendimento da utilização da língua como expressão do território e da emancipação cultural.

No entanto, é papel escolar levar os alunos a melhorar suas competências em cada componente curricular, no caso em exemplo o uso da norma culta. No caso de Felipe, isso não deve ferir o modo como ele já produz suas rimas e músicas.

Considerando o mundo enquanto unidade social, algumas regras precisam ser respeitadas e desenvolvidas em alguns fóruns da sociedade; dessa forma, tanto o sentido prático da alfabetização e letramento quanto seu sentido ideológico têm de andar em consonância.

5.4 Diferença entre alfabetização e letramento

Como já mencionamos, o letramento está para a alfabetização como a prática está para a teoria. Saber ler e escrever não significa que uma pessoa seja letrada, pois a forma como ela utiliza os signos pode conter (ou não) diversas categorizações.

Um termo facilitador da compreensão das diferenças entre os dois conceitos é *domínio*. O domínio da língua é uma importante habilidade para que seja praticado um letramento que demonstre a desenvoltura do alfabetizado.

O repertório linguístico, o léxico, a utilização das palavras de forma correta para indicar as reais vontades a serem escritas demonstram total capacitação em letramento.

A alfabetização envolve o processo de alcançar a escrita tecnicamente adequada, sem erros ortográficos. Já o letramento tem a ver com a habilidade de se expressar com efetividade independentemente do respeito a regras gramaticais, por exemplo, sedo mais importante a ideia de adequação ao contexto de produção textual. Na habilidade de ler, a alfabetização corresponde à capacidade de decodificar o texto, ao passo que o letramento engloba a competência de entender o texto considerando elementos externos como as intenções do autor, as condições de produção do texto etc. No quadro a seguir, detalhamos com mais detalhes as diferenças entre alfabetização e letramento.

Quadro 5.1 – Diferenças entre letramento e alfabetização

Alfabetização	Letramento
Individualização do uso da leitura e escrita.	Uso social da leitura e da escrita.
Estrito senso da leitura e escrita.	Utilização habilidosa e adaptável da leitura e escrita.
Saber organizar a escrita e decodificar a leitura.	Organizar a escrita, torná-la a melhor possível.
Confere uma função acadêmica e pedagógica da língua.	Confere ao sujeito a capacidade de utilizar a língua da melhor forma possível.

Como apontamos anteriormente, nos anos 1970, época marcada por grandes avanços tecnológicos, surgiu uma proposta de ensino que permitia uma relação íntima entre ciência, tecnologia e sociedade. Essa proposta ficou conhecida como CTS, e esse movimento teve início em países como Áustria, Estados Unidos e Canadá. Essas nações e outras foram marcadas por mudanças no processo de industrialização e também na educação.

Considerando a introdução das ciências e tecnologias como *modus operandi* da sociedade e, consequentemente, da educação, a alfabetização e o letramento passaram por significativas mudanças que alterariam a emissão dos signos e sua decodificação.

O letramento, portanto, não se restringe à utilização da língua portuguesa em sua forma verbal e escrita, estendendo-se ao entendimento das novas tecnologias e sua utilização.

Exercício resolvido

Considerando que o maior instrumento da linguagem verbal é a palavra e que sua orientação passa pela confecção de um texto que apresente pontos lógicos e bem-escritos, entendemos que a linguagem e os signos são outros. Ao estudarmos CTSA, percebemos que as novas tecnologias e as ciências mudaram os paradigmas tanto da educação quanto da comunicação, inserindo novas as ferramentas de trabalho, ensino e expressão cultural.

Uma dessas ferramentas é o celular e, com ela, as redes sociais. Pensando nesses pontos, como podemos categorizar um sujeito letrado perante as novas ferramentas de comunicação?

a) Um sujeito letrado, considerando as novas tendências relacionadas a CTSA, é o que sabe aplicar a norma culta nas redes sociais e fazer com que seu público leia e dissemine seu discurso.

b) Um sujeito letrado, considerando as novas tendências relacionadas a CTSA, é o que desenvolve novas redes sociais e demonstra grande aptidão para a criação de aplicativos para celulares.

c) Um sujeito letrado, considerando as novas tendências relacionadas a CTSA, não compreende, necessariamente, a área técnica de desenvolvimento de aplicativos, mas o que melhor compreende a linguagem das redes sociais e da internet.

d) Um sujeito letrado, considerando as novas tendências relacionadas a CTSA, remove qualquer tipo de ponderação linguística das redes sociais para a inserção de um tipo de linguagem específica.

Gabarito: c

Feedback: Tendo em vista que o letrado para a linguagem verbal passa pela ideia de um sujeito que melhor utiliza as palavras a seu favor e em favor do texto que elabora, o letrado nas novas tecnologias e nas redes sociais é o que tem domínio das ferramentas úteis para sua comunicação.

O trabalho dos influenciadores digitais passa por um letramento nas ferramentas como Instagram e Tik-Tok, por exemplo. A forma como eles utilizam as plataformas é extremamente valiosa para os seus objetivos e para as empresas que recorrem a esses profissionais para divulgar suas marcas e produtos e obter maiores lucros.

Como uma das características mais marcantes do movimento CTSA é a busca por significativas participações nos diversos setores sociais e nas questões relacionadas a desenvolvimento, investimento e aplicações da ciência, suas inserções na alfabetização e no letramento são mais do que fundamentais.

No contexto do ensino de ciências, o movimento CTSA é uma integração entre a educação científica e a sociedade. Dessa forma, os conteúdos produzidos são analisados de maneira conjunta com as discussões de seus aspectos históricos. Além disso, também são levados em consideração os aspectos éticos, políticos e socioeconômicos.

Sem dúvida, um dos principais combustíveis que servem como motivação para um ensino de ciências com enfoque em CTSA, na realidade atual, é o fato de que ele auxilia os estudantes a se adaptarem às constantes mudanças referentes a ciência e tecnologia. Nessa situação, nas duas últimas décadas, uma educação com enfoque em CTSA vem sendo defendida arduamente como uma maneira de aprimorar a alfabetização científica.

É necessário, portanto, ter ciência de que para uma educação com enfoque CTSA é preciso atuar em uma sociedade analfabeta em termos de ciência e tecnologia.

5.5 Perspectivas para a alfabetização em CTSA

O ensino atual das ciências focado em CTSA deve contemplar o desenvolvimento sustentável. As demandas criadas pelo CTSA devem sempre perpassar por benesses sociais e que estimulem o cuidado do planeta. Além disso, devem envolver alguns aspectos relacionados a tomadas de decisões relativas a ciência e tecnologia, questões relacionadas a ética e a valores e raciocínios morais, dimensões pessoais, políticas, sociais e reconstrução social pela ação dos cidadãos.

Os temas devem ser atuais e serem percebidos como parte da realidade dos alunos. Alguns exemplos de temas são: recursos energéticos, agricultura, recursos minerais, tecnologias, ética e responsabilidade social. São temas com potencial para serem tratados na educação com enfoque em CTSA.

Assim como os temas podem ser desenvolvidos a partir das tendências em CTSA, também podem ser utilizados no desenvolvimento de plataformas que beneficiem os alunos na educação híbrida, a qual será um grande divisor de águas na educação em razão da pandemia de Covid-19.

Precisamos entender que um dos desafios para uma educação CTSA e que, na verdade, é um problema da educação atual no geral, é a falta de aproximação entre teoria e prática. Apesar de as tecnologias terem ganhado bastante força nos últimos anos, as iniciativas muitas vezes ainda ficam presas à teoria, tendo em vista que, geralmente, problemas estruturais atingem as escolas que formam o rol educacional brasileiro.

Em nosso país, há vários problemas estruturais, com destaque para a falta de valorização do corpo docente e do trabalho do professor como atividade primordial no desenvolvimento da sociedade.

Tendo em vista essas dificuldades, podemos entender que são poucas as iniciativas levadas para a sala de aula. A falta de iniciativa pode ser originada pelo fato de os professores que não foram preparados para trabalhar com as ferramentas exigidas nos novos tempos.

A base curricular também precisa sofrer uma reforma em seus meandros, para que parte das fundamentações que levam os professores a cumprirem tais determinações seja o enfoque nas ciências e novas tecnologias. Além disso, a maneira como o ensino de ciências e tecnologias tem sido abordado nas escolas também deve ser modificada. A determinação e o espaço crítico em relação ao que se propõe em sala de aula devem partir de uma fonte hierárquica, em que os alunos sejam respaldados pelos professores.

Alguns pontos já abordados são fundamentais para a autonomia do professor, para que ele tenha a capacidade e o incentivo para a inserção das novas tecnologias de forma usual e prática. Os elementos fundamentais para a formação de um bom educador, conforme apontamos no Capítulo 2, moderno são:

- capacitação técnica;
- habilidade em estabelecer bons relacionamentos;
- proatividade;
- dedicação e comprometimento
- determinação.

De nada adianta a estruturação física de um espaço sem que exista ali o material humano para o seu pleno desenvolvimento.

5.5.1 Uma nova linguagem para novos tempos

Diante das novas tecnologias e do avanço das ciências bem como de seus impactos nos processos educacionais, plataformas de interação e um novo espectro de comunicação foram constituídos com as redes sociais. Estas mostraram-se extremamente potentes para a dinâmica das economias nacionais. Se bem utilizadas, as redes sociais podem servir não apenas como um ambiente de lazer, educação ou mesmo de informação, mas como ferramenta de negócios.

O universo corporativo se apropriou das redes, e os aplicativos e plataformas têm sido aprimorados para oferecer ferramentas e ambientes favoráveis para negociação.

Portanto, o domínio das ferramentas passou a ser preponderante para os que buscavam aprender (ou reaprender, segundo Alvin Toffler) a linguagem dos novos tempos, com o domínio de suas especificidades.

5.5.2 Velocidade das informações

A internet acelerou praticamente todas as práticas sociais e alterou o modo como o sujeito se posiciona no mundo e como nele opera. Portanto, aquele que busca a profunda inserção no meio e o entendimento das redes e da nova linguagem precisa atentar para como a informação vai ser passada, principalmente sabendo-se que esta pode ser replicada.

Por exemplo, o Instagram, rede social mais popularizada nos últimos anos ditou a tendência das informações em curto prazo, os *stories*. Em pouco tempo, outras redes sociais, como WhatsApp e Facebook, adotaram a mesma modalidade pela fluidez das informações.

Devemos perceber que existe uma plataforma que resguarda as informações por tempo indefinido, tendo assim uma informação mais completa em um mural que pode ser acessado a qualquer momento e a qualquer hora, mas, em conjunto, traz ramificações que oferecem ao usuário o acompanhamento diário e em tempo real da pessoa ou da empresa em questão. Com a pandemia de Covid-19, por exemplo, foi possível perceber o crescimento das *lives* pela falta de acesso às informações cotidianas e diárias.

5.5.3 **Letramento digital**

Reconhecendo-se o novo conceito de linguagem proposto pela internet, nasce o letramento digital, o qual pode ser definido como a habilidade de acessar, interagir e produzir em plataformas disponibilizadas pelas redes sociais. Nessa lógica, o grande desafio das novas técnicas de letramento dessa linguagem é se adaptar a algo em constante transformação e que agregaria as inúmeras outras ramificações.

A hipertextualidade, denotada pelo interativismo, a convergência e a revolução passaram a ser contínuas entre sua produção, distribuição e engajamento dos leitores.

É importante considerar por esse contexto de imersão de novos desafios e métodos uma educação que precisa, rapidamente, recuperar-se de uma mudança radical e experimentar, reinventar-se e, mais surpreendentemente, "render-se" aos novos tempos.

O grande desafio da informação, do letramento e da alfabetização é ter uma linguagem própria.

O papel do professor passa a ser – ainda mais – preponderante na formação de um pensamento crítico dos alunos e, consequentemente, dos usuários das novas ferramentas.

Ainda que exista uma mudança até no comportamento hierárquico endossado por métodos inovadores de alfabetização, é evidente que o papel de verdadeiro influenciador, até pela autoridade imbuída naquele que se constitui professor, tem impacto direto no aluno. Portanto, o docente te de buscar atualização e uma inserção nas novas plataformas para entendê-las, acessá-las e saber processá-las de maneira inteligente e profícua para os seus alunos.

Tendo em vista que a *internet* promove uma verdadeira autonomia dos seus usuários, é possível considerar esse método de ensino como um facilitador para as novas linguagens propostas pela internet e pelas redes sociais. Os desafios para a educação do futuro são:

- atualização do conteúdo didático sem a perda de matérias fundamentais;
- adaptação aos novos recursos;
- formato multimídia – transformação do conteúdo para o formato digital.

Os desafios da educação do futuro aponta para a necessidade de um plano estratégico para que exista maior conexão com a alfabetização e o letramento digitais.

5.5.4 Perspectivas e soluções para a alfabetização e letramento em CTSA

Não há solução mágica para resolver os problemas de alfabetização e letramento em CTSA. Entretanto, a identificação de problemas pode abrir caminhos para soluções criativas e úteis para o letramento em CTSA.

Um importante passo é priorizar a educação com enfoque em CTSA contemplando temas que envolvam problemas sociais relacionados a ciência e tecnologia. Por exemplo, problemas sociais enfrentados por uma população carente podem ser solucionados quando, previamente, há dados levantados por sistemas tecnológicos; ou a ciência pode intervir em problemas reais e que despertam o interesse verdadeiro nos alunos.

A ciência, que é considerada uma atividade humana intensamente complexa e que sofre grande influência dos elementos considerados não técnicos, tem utilidade que ultrapassa os conceitos tecnicistas e utilitaristas, os quais visam apenas sua finalidade e descartam o sentido de experiência.

A ciência não é um processo independente, autônomo e isolado em relação à sociedade em que se insere. Ela deve buscar a promoção e o desenvolvimento da educação para que esta seja crítica, científica e tecnológica, com capacidade de promover as questões relacionadas ao CTSA.

A ciência deve ser utilizada não apenas com caráter de pesquisa, mas como ferramenta de transformação social. O CTSA na educação inclui estímulos e reflexões, além da ação crítica dos alunos. Tais elementos são utilizados para a diminuição da passividade dos indivíduos e para a formação de uma personalidade crítica dos alunos.

É importante que seja desenvolvido esse comportamento – alheio a qualquer definição ideológica ou política – pela humanização da conduta daqueles que estão inseridos em tempos de valorização do virtual e do impessoal.

O comportamento dos alunos em sala de aula pode ser redefinido por meio de questionamentos relacionados à educação sugerida e que deve ser vivenciada de maneira crítica. Tais posturas endossam a educação como uma via que transforma um meio de reprodução social. Lembremos, muitas vezes, também os professores passam por um processo de enrijecimento das suas propostas de ensino. As ementas educacionais são impostas aos professores sem a possibilidade de análise crítica. O comportamento descrito é, dessa forma, um tipo de educação que se limita à transmissão do conhecimento, uma vez que não há uma visão crítica, mas uma reprodução muito similar aos padrões tradicionalistas de educação.

A educação com enfoque em CTSA vai contra a ideia de reprodução tradicional sem o questionamento crítico. Afinal, a transformação da sociedade não pode ser proposta sem que exista um endosso da crítica.

Tanto os professores quanto os alunos necessitam de autonomia para realizar o trabalho, sempre buscando de alguma maneira relacionar o programa de ensino com a realidade circundante. Algumas propostas podem existir em meio à identificação da necessidade que a tecnologia e a ciência sejam utilizadas como elemento propulsor da transformação social, sendo a primeira voltada para a reprodução de conceitos técnicos e científicos valiosos para o conhecimento dos alunos e da sociedade, e a segunda para a transformação social.

Logo, os docentes precisam se preparar para essas novas possibilidades e para um novo ambiente de sala de aula com maior mobilização. As atividades devem estimular um debate crítico salutar e baseado em definições propositivas e que desenvolvam um leque grande de respostas. Além disso, devem envolver debates, inclusão de valores uma cadeia de complementações e soluções reais para a sociedade.

A alfabetização e o letramento em CTSA guardam diferenças de caráter técnico, mas, o que é mais importante, ambos podem servir de auxílio para uma plena transformação social e, por consequência, educacional.

Síntese

- A relação entre ciência, tecnologia e sociedade deve ser aplicada na alfabetização e no letramento de forma que sejam expostos com fluidez pelos docentes ao longo de suas aulas.
- O movimento CTSA teve início após alguns acontecimentos históricos, como a Segunda Guerra Mundial, a Guerra Fria e o acidente nuclear de Chernobyl.

- É extremamente importante reconhecer que a ciência tem um papel fundamental no contexto do desenvolvimento social.
- No contexto CTSA, os currículos escolares devem primar pela formação de cidadãos críticos.
- A ideia de inserir ciências e tecnologia não deve ser regida por uma visão tecnicista, mas por uma visão que utilize tais atualizações para o benefício do aluno.
- O letramento em CTSA tem como função ensinar a gerir as novas ferramentas proporcionadas pela tecnologia e estimular a desenvoltura com sua linguagem.
- As ciências e as tecnologias precisam ter um papel útil, e não apenas decorativo nos novos moldes de ensino e educação, tanto pedagógica quanto acadêmica.
- O letramento digital passa pelo entendimento de que a comunicação e a educação mudaram e ganharam contornos autônomos diante da criação e da consolidação da internet e das redes sociais como principais ferramentas de ensino.

ns avaliativos
Processos avaliativos

6

Conteúdos do capítulo

- Processos avaliativos.
- Critérios e instrumentos avaliativos.
- Utilização do método CTSA nos processos avaliativos.

Após o estudo deste capítulo, você será capaz de:

1. citar os aspectos essenciais de um processo avaliativo;
2. descrever o processo de funcionamento dos processos avaliativos;
3. identificar os tipos de instrumentos avaliativos que favorecem o ensino-aprendizagem;
4. analisar os benefícios do processo avaliativo aplicado com o método CTSA.

Neste capítulo, abordamos o contexto dos processos avaliativos no âmbito do CTSA.

6.1 Considerações gerais sobre processos avaliativos

O processo de construção do conhecimento deve, obrigatoriamente, atravessar etapas essenciais, como a construção do currículo, o planejamento daquilo que está sendo especificado no currículo por meio da escolha de métodos adequados para uma melhor percepção do aluno e, por fim, a etapa da avaliação que vem a ser o processo de quantificação e qualificação da aprendizagem do aluno.

Portanto, nesse momento, deve-se renunciar ao caráter punitivo da avaliação, ou seja, aquele instrumento em que o professor valoriza apenas o processo quantitativo do aluno, sem focar nos aspectos da aprendizagem. Ademais, em algumas situações, o professor se utiliza da avaliação como ferramenta para comprovar sua superioridade na relação ou para reprimir o aluno.

Ainda nessa perspectiva avaliativa como sistema de punição, discute-se a posição do instrumento avaliativo considerando-se seu caráter político, pois o tipo de avaliação a ser aplicada depende da ética do professor, ou seja, qual o objetivo que o professor deseja atingir no processo de realização e aplicação de uma avaliação.

Ainda, a avaliação depende apenas da conduta coerente que o professor tem frente ao processo de ensino e aprendizagem, pois, durante o processo avaliativo, o professor não pode aplicar medidas arbitrárias no desenvolvimento da avaliação.

Figura 6.1 – Pressupostos da prática avaliativa

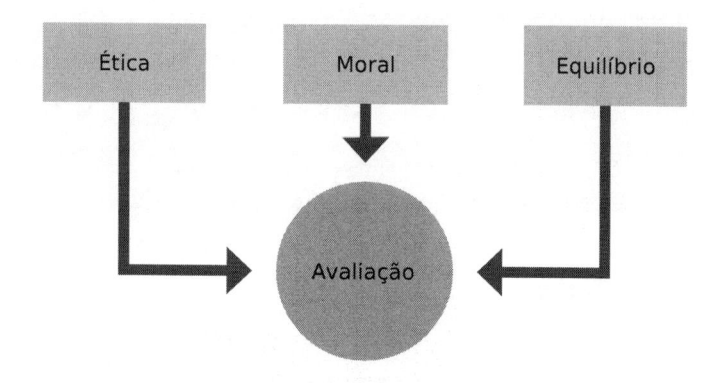

```
   Ética        Moral       Equilíbrio
     │            │              │
     └──────▶ Avaliação ◀────────┘
```

Fonte: Elaborado com base em Bardin, 2006.

Entretanto, nem sempre o profissional da educação, na aplicação das atividades avaliativas, costuma equilibrar os objetivos essenciais no processo de avaliação, de maneira que, muitas vezes, se vale de sua autoridade nesse processo, conforme especifica Barbosa (2018, p. 133):

> Avaliar pode se constituir num exercício autoritário do poder de julgar ou ao contrário, pode se constituir num processo e num projeto em que o avaliador e avaliando buscam e sofrem uma mudança qualitativa". Analisa-se,

de maneira interessante que, o processo avaliativo nada mais é do que o fechamento da prática docente do professor.

Para que seja possível equalizar os interesses próprios do processo avaliativo, a avaliação deve ser pensada segundo uma perspectiva que favoreça os aspectos do conhecimento. Para isso, torna-se essencial a reflexão tanto por parte do professor quanto do aluno para identificar os obstáculos necessários neste processo de ensino e aprendizagem e como esta prática pode ser favorecida. Sobre essa questão, Barbosa (2018, p. 133) informa:

> Neste processo, é importante reconhecer a avaliação das aprendizagens como prática que favorece o ajuste entre o que se ensina e o que se aprende, como uma forma de refletir sobre as práticas de alunos e professores. A partir dos conteúdos das informações que a avaliação disponibiliza, é possível orientar as ações do professor ao ensinar e as do aluno ao aprender. Assim, sua função afasta-se da rotineira prática de "aprovar" ou "reprovar" ao interpretar as respostas nos exames, ou outras atividades avaliativas, e passa a integrar-se aos processos de ensino e de aprendizagem.

Ao analisar tais questões, observamos que o processo avaliativo tem uma estreita ligação com o processo de ensino e aprendizagem, ou seja, com aquele conteúdo que é apresentado pelo professor ao aluno. Contudo, esse processo está intimamente relacionado com a metodologia do ensino que o professor adota, pois é por meio do tratamento do conhecimento pelo professor que o aluno pode desenvolver suas potencialidades. Conforme apresentam Pinto e Santos (2006, p. 13): "a aprendizagem está inter-relacionada com o modelo pedagógico que assenta nas concepções entre ensinar e aprender e nas relações que essas concepções determinam".

Se o professor consegue apresentar de maneira coerente o conteúdo, a avaliação se torna apenas uma pequena meta a ser cumprida, e não o vetor essencial da prática do ensino. Por isso, as práticas que serão executadas, no âmbito da avaliação, devem ser trabalhadas de maneira coerente, de modo a ser possível identificar a autonomia e construção das habilidades do indivíduo.

Dessa forma, o objetivo da avaliação deve se afastar, sobremaneira, do procedimento punitivo e se aproximar tanto quanto possível do aspecto transformador alterando-se também o tipo de relação entre professor e aluno e os papéis que exercem em sala de aula.

Dessa maneira, na perspectiva do professor, a avaliação deve ser pensada sempre de maneira coerente, invocando sempre a polidez no ato avaliativo, com o objetivo de auxiliar o processo de aprendizagem e, não de punir o aluno

Figura 6.2 – Avaliação *versus* aprendizagem

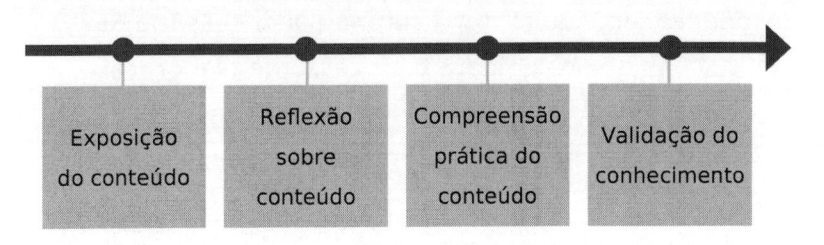

```
Exposição → Reflexão → Compreensão → Validação do
do conteúdo   sobre     prática do    conhecimento
              conteúdo  conteúdo
```

Fonte: Elaborado com base em Estrela e Nóvoa, 1999.

Sobre a função da avaliação no processo de ensino e aprendizagem, Estrela e Nóvoa (1999, p. 9) informam que "a avaliação deixou de servir para julgar, ou para provar o que quer que seja. Ela serve para atuar e, neste sentido, encontra-se intimamente articulada com o processo decisional".

Nesse sentido, a avaliação não pode ser aplicada como um instrumento punitivo, pois, muito mais profícuo, é um elemento que permite identificar quais os conteúdos que podem ser mais bem trabalhados tanto pelo aluno quanto pelo professor. A depender do tipo de prática escolhida, os resultados poderão ser distintos, pois a maneira como o conteúdo será administrado e acolhido, poderá ser diferente, mas sempre cumprindo o que estabelece a Lei de Diretrizes e Bases (LDB) e, consequentemente, o plano político-pedagógico da instituição de ensino.

Isso significa que as instituições de ensino têm autonomia para escolher o tipo de metodologia que direcionará suas atividades, bem como os objetivos que serão buscados. Sendo assim, destacamos que a LDB reconhece, em seu texto, a autonomia necessária das instituições de ensino para o processo de elaboração do projeto político-pedagógico (PPP), que deve ser construído com base em informações especificas que podem ser encontradas no cotidiano da sociedade em que a instituição está inserida.

No âmbito da avaliação, o PPP não pode fugir da responsabilidade social: faz parte da sua estrutura a atenção a elementos que indiquem como a escola se comporta com o processo de avaliação e, mais, quais são os objetivos que ela pretende atingir com aquela proposta educacional. Dessa maneira, até o processo de avaliação é pensado no PPP, de maneira institucional no que diz respeito à reflexão da estrutura escolar e, ainda, no que se refere ao instrumento que se aplica aos alunos para mensurar o conhecimento (Barbosa, 2018).

Dessa maneira, de acordo com a LDB, a avaliação poderá ser compreendida a partir de duas perspectivas funcionais, quais sejam a classificatória e a formativa, isto porque o objetivo central dos aspectos classificatórios destaca a necessidade de apresentar os resultados avaliativos. Muito embora se discuta sobre a utilização de uma classificação para apresentar os resultados da aprendizagem, segundo Barbosa (2018) não há outro meio para demonstrar o nível de aprendizagem daquele aluno.

Figura 6.3 – Estrutura da avaliação

Classificação + Formação = Avaliação

Fonte: Elaborado com base em Barbosa, 2018.

A questão é que o processo de indicação de uma classificação é essencial, pois é necessário informar se o aluno pode avançar ou não no processo de ensino. Ressaltamos a importância de não se fazer confusão sobre a maneira como o professor elabora esse instrumento, pois, apesar de prejudicar o aluno, não tem relação com o processo classificatório.

Dessa maneira, independentemente da maneira como a avaliação é elaborada, a atribuição classificatória que ocorre pela correção do conteúdo exposto pelo aluno deve ser ética e justa. Do contrário, a classificação recebida estará relacionada à utilização da avaliação fundamentado em um pressuposto punitivo, e não formador.

Por isso, o profissional da educação, ao corrigir as avaliações aplicadas aos alunos, deve se revestir dos princípios da justiça e ética, para que se afaste de qualquer possibilidade que induza à utilização do mecanismo da maneira punitiva. E, para que isso seja feito, o profissional deverá dispor de um espaço adequado para a correção das provas, buscar não identificar o aluno para que isso não o influencie no processo de correção e analisar as respostas individualmente com a releitura das questões.

Figura 6.4 – Aspectos essenciais da correção da avaliação

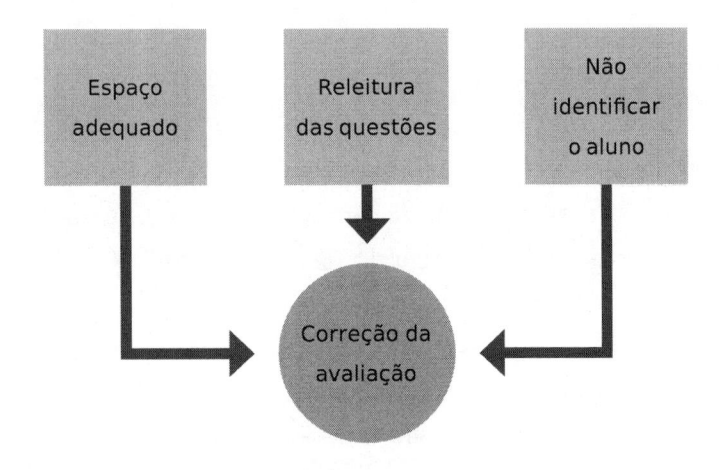

```
   [Espaço        [Releitura       [Não
   adequado]      das questões]    identificar
                                   o aluno]
        \              |              /
         \             v             /
          → [Correção da avaliação] ←
```

Fonte: Elaborado com base em Barbosa, 2018.

Segundo Barbosa (2018), perante provas subjetivas, os professores tendem a fazer correções que podem ser questionadas, pois as provas que foram corrigidas primeiro tendem a ser classificadas com um valor menor e, as provas corrigidas por último, um valor maior. As provas que são corrigidas com identificação tendem a ter valores distintos das mesmas avaliações que são corrigidas sem a identificação. Por isso, imparcialidade, sensatez e coerência devem orientar o processo de correção.

Para além da avaliação a ser aplicada aos alunos, deve existir uma maneira de refletir sobre o funcionamento da instituição, visto que a aplicação de uma avaliação institucional, quando bem-aplicada, torna-se um excelente coadjuvante no processo de aperfeiçoamento das atividades a serem desenvolvidas pela instituição. Em não sendo assim, poderá cristalizar as atividades desenvolvidas por ela, pois, se de posse dos dados obtidos com a aplicação da avaliação institucional, os gestores educacionais não estiverem atentos ao que deve mudar, ou, ainda, se não interpretarem de maneira adequada os dados apresentados pela avaliação, podem incorrer em um tipo de inflexibilidade e, assim todos perdem: alunos, comunidade, família e gestores (Barbosa, 2018).

6.2 Critérios e instrumentos avaliativos no ensino superior

Inicialmente, convém destacar o objetivo principal da instituição de ensino superior, como aquele órgão educacional que tem como finalidade o favorecimento dos aspectos científicos da sociedade, para que o aluno consiga se profissionalizar e, por fim, ingressar no mercado de trabalho. Está estipulado no art. 43 da LDB:

Art. 43. A educação superior tem por finalidade:

I – estimular a criação cultural e o desenvolvimento do espírito científico e do pensamento reflexivo;

II – formar diplomados nas diferentes áreas de conhecimento, aptos para a inserção em setores profissionais e para a participação no desenvolvimento da sociedade brasileira, e colaborar na sua formação contínua;

III – incentivar o trabalho de pesquisa e investigação científica, visando o desenvolvimento da ciência e da tecnologia e da criação e difusão da cultura, e, desse modo, desenvolver o entendimento do homem e do meio em que vive;

IV – promover a divulgação de conhecimentos culturais, científicos e técnicos que constituem patrimônio da humanidade e comunicar o saber através do ensino, de publicações ou de outras formas de comunicação;

V – suscitar o desejo permanente de aperfeiçoamento cultural e profissional e possibilitar a correspondente concretização, integrando os conhecimentos que vão sendo adquiridos numa estrutura intelectual sistematizadora do conhecimento de cada geração;

VI – estimular o conhecimento dos problemas do mundo presente, em particular os nacionais e regionais, prestar serviços especializados à comunidade e estabelecer com esta uma relação de reciprocidade;

VII – promover a extensão, aberta à participação da população, visando à difusão das conquistas e benefícios resultantes da criação cultural e da pesquisa científica e tecnológica geradas na instituição. (Brasil, 1996)

A autonomia universitária, embora relativa, permite adotar uma estrutura própria de organização didático-pedagógica, garantindo a liberdade institucional na condução de processos formativos, no sentido de definir parâmetros para constituir ou garantir a qualidade do ensino e a identidade universitária. As Diretrizes Curriculares Nacionais clarificam essa responsabilidade das instituições de ensino superior, oferecendo princípios que norteiam essa elaboração (Barbosa, 2018).

Como é possível perceber, o processo avaliativo é de fundamental importância no âmbito da aprendizagem, pois tem como objetivo verificar o nível de percepção do aluno sobre conteúdos que são abordados em sala de aula. Por essa razão, sua realização deve ser a consequência natural do ensino e, não o marco essencial desse processo.

De acordo com Haydt (1994), a classificação da avaliação corresponde a três contextos: (i) somativa, (ii) formativa e (iii) diagnóstica. No caso da **avaliação diagnóstica**, o objetivo é averiguar o nível de conhecimento dos alunos sobre os conteúdos trabalhados na série anterior, ou seja, identificar se existe ou não o domínio do conteúdo.

é aquela realizada no início de um curso, período letivo ou unidade de ensino, com a intenção de constatar se os alunos apresentam ou não o domínio dos pré requisitos necessários, isto é, se possuem os conhecimentos e habilidades imprescindíveis para as novas aprendizagens. É também utilizada para caracterizar eventuais problemas de aprendizagem e identificar suas possíveis causas, numa tentativa de saná-los. (Haydt, 1994, p. 16)

A Figura 6.5 apresenta, de maneira sistematizada, os elementos que devem constar no processo avaliativo do tipo diagnóstico como instrumento essencial no processo de ensino-aprendizagem.

Figura 6.5 – Avaliação diagnóstica

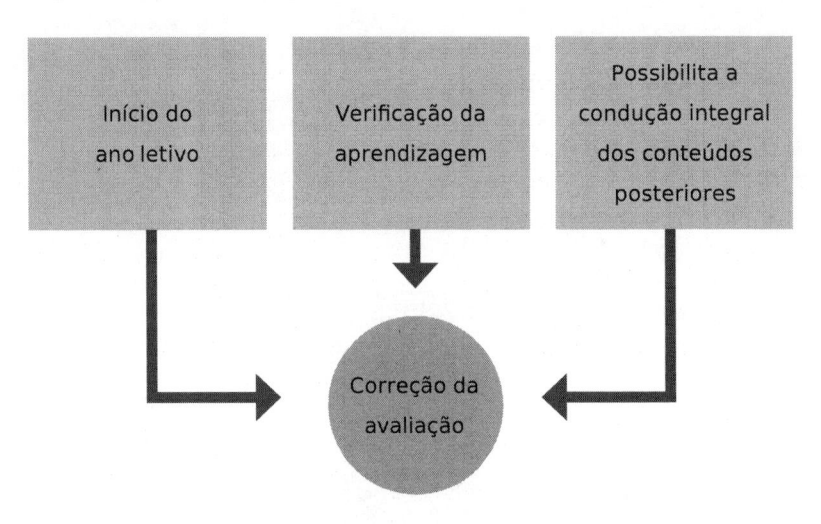

```
┌─────────────┐    ┌─────────────┐    ┌──────────────────┐
│             │    │             │    │   Possibilita a  │
│  Início do  │    │ Verificação │    │ condução integral│
│  ano letivo │    │     da      │    │  dos conteúdos   │
│             │    │ aprendizagem│    │   posteriores    │
└──────┬──────┘    └──────┬──────┘    └─────────┬────────┘
       │                  │                     │
       │                  ▼                     │
       │            ┌───────────┐               │
       └──────────▶ │ Correção da│ ◀────────────┘
                    │ avaliação  │
                    └───────────┘
```

Fonte: Elaborado com base em Haydt, 1994.

A **avaliação formativa**, além de fornecer dados ao professor a respeito de seus procedimentos de ensino, com intuito de melhorar a aprendizagem do aluno, oferece ao discente informações sobre seu desempenho, fazendo-o reconhecer seus erros e acertos (Haydt, 1994).

Figura 6.6 – Avaliação formativa

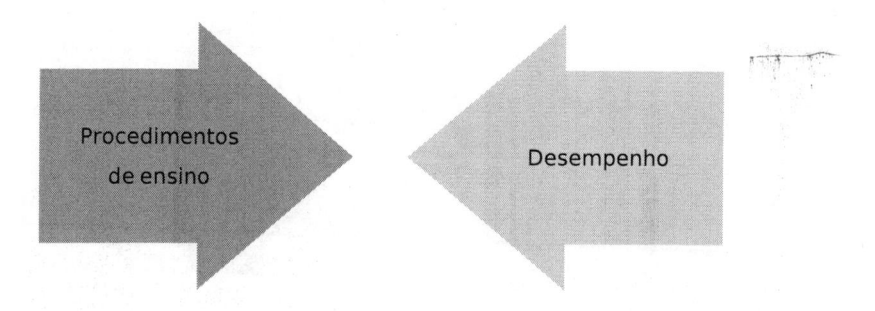

[Figura: seta apontando para a direita "Procedimentos de ensino" e seta apontando para a esquerda "Desempenho"]

Fonte: Elaborado com base em Haydt, 1994.

Por fim, mas não menos importante, observa-se a **avaliação somativa** que é o instrumento utilizado pelo profissional da educação com o objetivo específico de classificar o aluno de acordo com o nível de conhecimento adquirido durante o decorrer do curso. Nesse sentido, Haydt (1994, p. 18) destaca que "[...] consiste em classificar os alunos de acordo com níveis de aproveitamento previamente estabelecidos, geralmente tendo em vista sua promoção de uma série para outra".

Figura 6.7 – Avaliação somativa

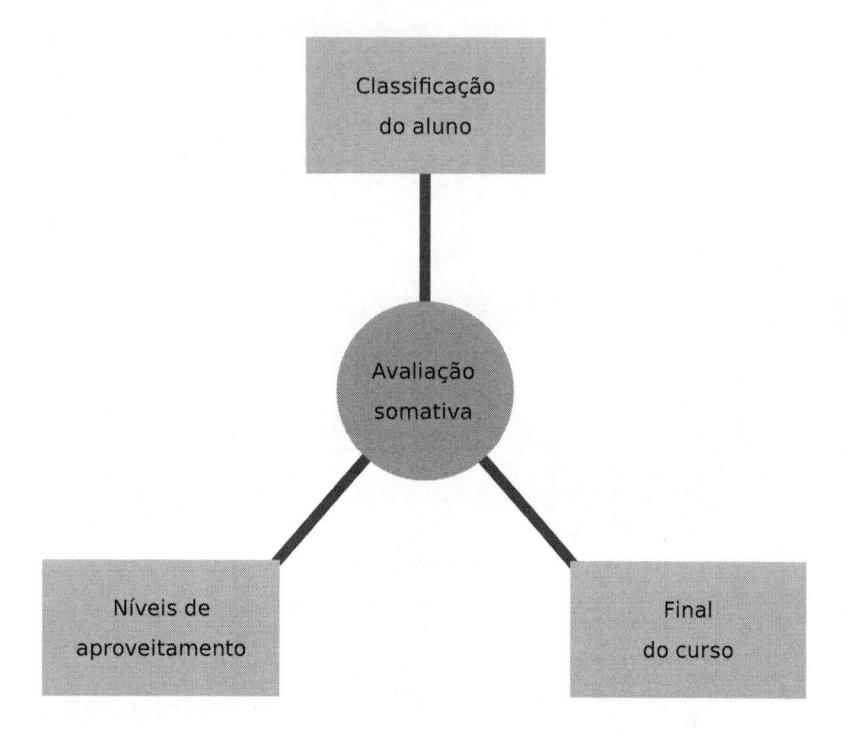

```
                    ┌─────────────────┐
                    │  Classificação  │
                    │    do aluno     │
                    └─────────────────┘
                             │
                             │
                        ╱─────────╲
                       │ Avaliação │
                       │ somativa  │
                        ╲─────────╱
                        ╱         ╲
                       ╱           ╲
        ┌─────────────┐             ┌─────────────┐
        │  Níveis de  │             │    Final    │
        │aproveitamento│            │   do curso  │
        └─────────────┘             └─────────────┘
```

Fonte: Elaborado com base em Haydt, 1994.

Ao analisar as questões apresentadas, incluindo a variável dos métodos que podem ser utilizados no âmbito da avaliação, observamos que existem várias estratégias adequadas além da prova, que tem sido o instrumento mais utilizado para avaliar no âmbito das universidades. Além disso, conforme destaca Masetto (2003), há novos parâmetros que podem ser observados no sistema do ensino superior. Assinalamos que o professor do ensino superior deixou de ocupar o lugar de transmissor de informações e passou a exercer a função de mediador no processo de ensino e aprendizagem.

Destacamos que essa nova situação do professor não pode ser minimizada, pois, de toda forma, o aluno só conseguirá apreender o conteúdo se aquele professor conseguir mediar de maneira adequada; caso contrário não haverá aprendizagem. Nesse sentido, Masetto (2003, p. 14) destaca:

> No âmbito do conhecimento, o ensino superior percebe a necessidade de se abrir para o diálogo com outras fontes de produção de conhecimento e de pesquisa, e os professores já se reconhecem como não mais os únicos detentores do saber a ser transmitido, mas como um dos parceiros a quem compete compartilhar seus conhecimentos com outros e mesmo aprender com outros, inclusive com os próprios alunos. É um novo mundo, uma nova atitude, uma nova perspectiva na relação entre o professor e o aluno no ensino superior.

Figura 6.8 – Processo de aprendizagem no ensino superior

Aluno — Professor — Conhecimento

Fonte: Elaborado com base em Masetto, 2003.

Portanto, o professor, em seu processo avaliativo, deve se utilizar de estratégias específicas que acompanhem a nova perspectiva apresentada em sala de aula. Isso equivale a dizer que não cabe mais um processo avaliativo em que o professor é o detentor exclusivo do conhecimento. O processo avaliativo em que se observe interação é uma ferramenta necessária para auferir o conhecimento do aluno. Por isso, se for necessário que não se utilize a prova nesse processo, que assim ocorra, mas se a prova for a melhor estratégia para avaliar o aluno, que esse instrumento seja utilizado. De acordo com Souza (2017, p. 14):

> Quando se trata de avaliação, muitos levam em consideração que avaliar se resume em apenas um (ou vários) momento(s) que se concretizam por meio da utilização de provas escritas individuais. Mas, esse é um pensamento equivocado, pois a prova é um instrumento de avaliação e a avaliação é todo um processo.

De acordo com a LDB, na avaliação escolar, os aspectos qualitativos devem prevalecer sobre os quantitativos; quando ocorre o contrário, a avaliação assume uma lógica redutora que não abre espaço à avaliação formativa, estando apenas confinada à sua vertente formal, isto é, a avaliação são as notas que se dão no final dos períodos e os testes/fichas ou outros procedimentos que se têm que fazer para se ter informação que permita atribuir uma nota (Barbosa, 2018).

Visto que o processo de aprendizagem decorre dos objetivos que se deseja alcançar, a técnica avaliativa deve ser escolhida de acordo, justamente, com os objetivos delineados. É por esse motivo que não se pode definir que um processo avaliativo é melhor do que o outro; a diferença reside apenas na maneira como os instrumentos são utilizados, ou seja, se o professor sabe utilizar ou não, o instrumento avaliativo. Nesse sentido, Barbosa (2018, p. 134) destaca: "Existe uma base empírica suficientemente sólida para afirmar que os estudantes do ensino superior podem aprender mais e melhor, com mais profundidade e compreensão, quando a avaliação está integrada ao ensino".

Figura 6.9 – Técnicas de ensino e aprendizagem

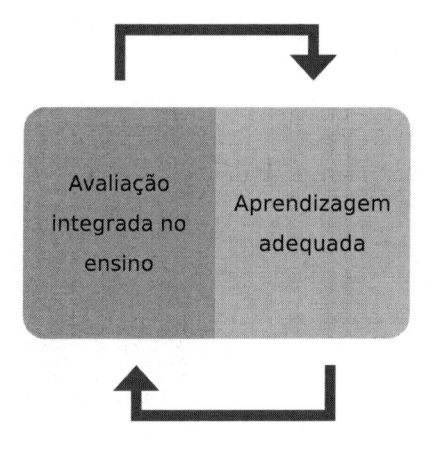

Fonte: Elaborado com base em Barbosa, 2018.

6.3 Utilização do método CTSA nos processos avaliativos

A aprendizagem é influenciada pelo tipo de prática pedagógica e avaliativa que o professor aplica. Dessa maneira, é importante o estabelecido por Fernandes (2006, p. 12):

> A avaliação deve induzir e/ou facilitar a tomada de decisões, a recolha de informação deve ir para além dos resultados que os alunos obtêm nos testes, a avaliação tem que envolver os professores, os pais, os alunos e outros intervenientes, os contextos de ensino e de aprendizagem devem ser tidos em conta no processo de avaliação ou de que a definição de critérios é essencial para que se possa apreciar o mérito e o valor de um dado objecto de avaliação.

Figura 6.10 – Propósitos da avaliação

Avaliação → Contexto social do aluno → Valor de dado objeto de avaliação

Fonte: Elaborado com base em Fernandes, 2006.

Nesse contexto, sabendo que o processo avaliativo tem a possibilidade de estabelecer uma reflexão coletiva acerca do contexto social em que o aluno está inserido, no intuito de dar significado ao processo de aprendizagem, identifica-se o método CTSA. Como já informamos ao longo deste livro, esta é uma metodologia de ensino que favorece a democracia no âmbito do ensino mediante a participação e consequente reflexão acerca das ações científicas trabalhadas em sala de aula. Nesse sentido, observamos o especificado por Borges et al. (2010, p. 3):

> A conciliação entre Ciência, Tecnologia, Sociedade e Preservação Ambiental é uma possibilidade real, capaz inclusive, de incrementar a produção cientifica e tecnológica com a redução do consumo de recursos naturais e dos impactos ambientais. No Brasil, a abordagem CTSA (Ciência, Tecnologia, Sociedade e Ambiente) representa uma preocupação recente, mas crescente.

Figura 6.11 – Método CTSA e a aprendizagem

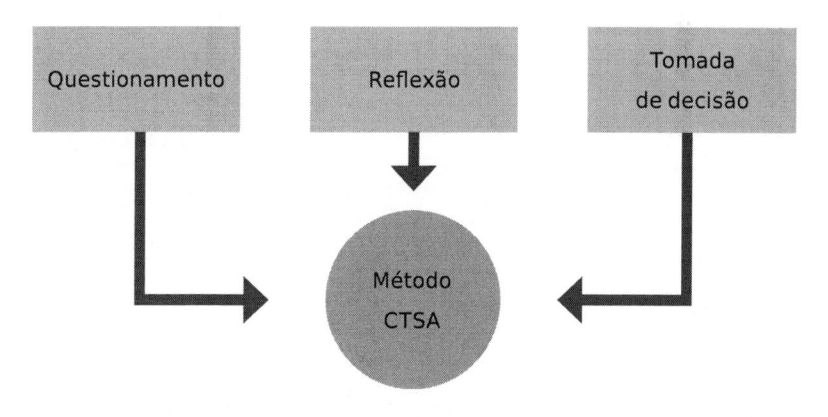

Fonte: Elaborado com base em Borges et al. 2010.

Observamos que a temática estruturada na dinâmica do CTSA possibilita a construção de um conhecimento fundamentado na reflexão democrática. Trata-se, então, de investigar como poderia o indivíduo que está captando aquela informação utilizar os conhecimentos em benefício da própria comunidade, conforme especificam Santos e Mortimer (2002, p. 12).

> O objetivo central da educação de CTS no ensino médio é desenvolver a alfabetização científica e tecnológica dos cidadãos, auxiliando o aluno a construir conhecimentos, habilidades e valores necessários para tomar decisões responsáveis sobre questões de ciência e tecnologia na sociedade e atuar na solução de tais questões [...].

(?) O que é?

A avaliação de quarta geração é uma proposta em que o profissional da educação estrutura seu método em consonância com uma dinâmica interacionista entre conteúdo, reflexão e ação. Dessa maneira, o objetivo desse tipo de avaliação é direcionar o aluno ao tipo de trabalho a ser desenvolvido segundo as dificuldades apresentadas com o objetivo de desenvolver certas habilidades. Dessa maneira, a referida avaliação demonstra a necessidade de modificar a maneira como os processos educacionais são realizados, no sentido de substituir o processo passivo pelo ativo no âmbito acadêmico.

No que se refere aos profissionais da área que vão utilizar o método CTSA, destacamos a necessidade de realizar a devida capacitação para a utilização da metodologia, pois os profissionais terão de substituir metodologias obsoletas e darão prioridade ao processo mais interativo e participativo. No caso da química, por exemplo, por ser uma área originalmente experimental, não há de se discutir a viabilidade do uso de técnicas não experimentais, visto que o processo deve ir além da aula expositiva e dialogada, passando a adotar possibilidades curiosas e experimentais. A esse respeito, Figueiredo et al. (2018, p. 6) declaram que:

> O uso da contextualização pelo docente é de suma importância e, de certa forma, de fácil acesso, pois tudo que está ao seu redor pode auxiliá-lo a interligar as transformações da natureza, às ações do homem e aos avanços tecnológicos e científicos. Isso interfere de forma positiva, fazendo com que o aluno questione tudo que está a sua volta e, assim, aconteça uma maior interação em sala de aula, fazendo com que ele deixe de ser um ator passivo, que apenas recebe o conhecimento, e se torne um indivíduo ativo o, que ocasionará, em uma troca de saberes na sala de aula.

Sendo assim, no âmbito da química, várias são as possibilidades de utilização de instrumentos que auxiliam o processo de compreensão no ato da exposição dos conteúdos e com a consequente realização da avaliação, como é o caso da aplicação de atividades de cunho experimental, em que é possível conduzir o discente a compreender que aquele desafio avaliativo apresentado pelo professor está diretamente conectado com o conteúdo exposto e discutido em sala de aula. Nesse sentido, observamos o especificado por Figueiredo et al. (2018, p. 6):

> Dentro dessa perspectiva, os conteúdos químicos podem ser ensinados de diversas formas, como a aplicação de atividades experimentais contextualizadas, que conduz e possibilita os discentes a despertar suas curiosidades e assimilarem o conteúdo visto em sala, relacionando-o com o dia a dia e, ainda, o uso de recursos audiovisuais que auxilia na construção dos conceitos.

A questão é que, a partir do momento em que se inicia o ensino dos conteúdos químicos de maneira mais interativa, é possível reduzir a lacuna existente entre o processo de ensino e aprendizagem e, assim, sistematizar o favorecimento da compreensão daquilo que está sendo apresentado no ambiente escolar, conforme explicam Francisco Júnior, Ferreira e Hartwig (2008, p. 34): "à medida que se planejam experimentos com os quais é possível estreitar o elo entre motivação e aprendizagem, espera-se que o envolvimento dos alunos seja mais vívido e, com isso, acarrete evoluções em termos conceituais".

Contudo, na realização das atividades avaliativas nessa área do conhecimento, fazer experimentos não é objetivo central da disciplina. Por essa razão, tal prática deve ser utilizada como mecanismo de apoio ao processo educacional, no sentido de gerar possibilidades de compreensão reflexiva sobre os conteúdos abordados e, consequentemente, a compreensão de como poderá ser aplicado.

Para realizar a avaliação, é necessário ter em mãos os diversos instrumentos de avaliação a fim de favorecer a confiança, desencadear reflexões e propiciar participação ativa dos alunos.

Não importa qual seja o instrumento escolhido para a avaliação escolar; importa que os professores tenham clareza sobre o que a avaliação pode revelar e de que maneira ela tem de acontecer para contribuir com a melhoria do ensino e da aprendizagem.

Sendo assim, o sistema apresentado pelo método avaliativo CTSA deve evidenciar algumas questões basilares para a devida aplicação dos conteúdos abordados em sala de aula pelo profissional da educação, quais sejam: contextualização e experimentação.

No que se refere ao processo da **contextualização**, o profissional da educação tem o dever de conectar teoria e prática, no sentido de fornecer a compreensão exata daquilo que é necessário apreender no processo de ensino e aprendizagem. Sendo assim, o professor deve partir do pressuposto de que todos os elementos que estão ao seu redor (no seu cotidiano) podem fazer parte do processo de ensino-aprendizagem-avaliação.

O uso da experimentação no ensino de Química é indispensável para o processo de ensino aprendizagem dos conteúdos científicos, visto que favorece a construção da relação entre a teoria e a prática. Além de ter essa relação, o uso de experimentos, quando contextualizados, estimula a discussão e o debate em sala de aula, visando à troca de conhecimentos e experiências vividas pelos estudantes.

Analisando essas questões, observamos a importância de se realizar experimentos no âmbito das atividades que são desenvolvidas na área da Química:

> Merecem especial atenção no ensino de Química as atividades experimentais. Há diferentes modalidades de realizá-las como experimentos de laboratório, demonstrações em sala de aula e estudos do meio. [...]. Qualquer que seja o tipo, essas atividades devem possibilitar o exercício da observação, da formulação de indagações e estratégias para respondê-las, como a seleção de materiais, instrumentos e procedimentos adequados, da escolha do espaço físico e das condições de trabalho seguras, da análise e sistematização de dados. O emprego de atividades experimentais como mera confirmação de ideias apresentadas anteriormente pelo professor reduz o valor desse instrumento pedagógico. (Brasil, 1999, p. 108)

Sendo assim, quando observamos essas questões na perspectiva do CTSA, percebemos uma ligação estreita, visto que esse método objetiva uma análise do ambiente em que o indivíduo está inserido e a aplicação de temáticas relacionadas com o sistema científico que está sendo estudado.

O trinômio **ciência**, **tecnologia** e **sociedade**, surgiu em meados do século XX, em razão da grande insatisfação quanto ao desenvolvimento científico, tecnológico e econômico, que não estava conduzindo para um bem-estar social. Assim, alguns movimentos reivindicavam novos direcionamentos tecnológicos, que iriam contra as concepções da ciência e tecnologia adotada naquele momento na busca da resolução dos problemas da humanidade. Umas das reivindicações era a participação da sociedade na tomada das decisões, tornando-as mais democráticas. Dessa forma, passou a ter destaque perante a sociedade, que atentou para a comunidade científica, fazendo as devidas críticas aos mais diversos temas abordados (Nascimento et al., 2018)

Convém, portanto, analisar a aplicação do método CTSA no âmbito do estudo de caso. Bogdan e Biklen (1994, p. 34) esclarecem que: "[...] o estudo de caso consiste na observação detalhada de um contexto, acontecimento ou indivíduo. O propósito do estudo de caso é alcançar uma maior compreensão do caso em particular".

Figura 6.12 – Avaliação e método CTSA no estudo de caso

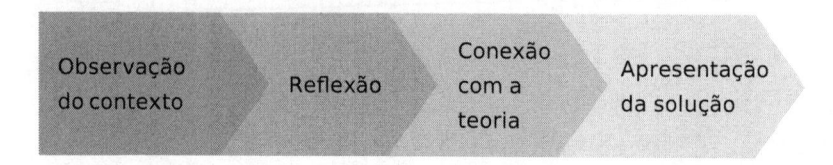

Observação do contexto → Reflexão → Conexão com a teoria → Apresentação da solução

Fonte: Elaborado com base em Bogdan; Biklen, 1994.

6.4 Práticas cotidianas

Sobre a ligação entre teoria e prática, consideremos o caso de um professor universitário que, em seu plano de curso, precisava trabalhar o processo de reciclagem do lixo. O desafio desse profissional era fazer uma ligação entre a teoria relacionada com a química do lixo e a importância do processo de reciclagem para a sociedade e a natureza (impacto da prática da reciclagem).

Dessa maneira, o profissional da educação superior montou a seguinte proposta de ensino:

- favorecer a discussão entre os alunos sobre quais produtos podem ser encontrados no lixo com frequência;
- identificar o nível de conhecimento dos alunos sobre os conceitos químicos que ocorrem no âmbito da transformação da matéria;

- compreender o processo de funcionamento da separação de misturas químicas e da densidade de polímeras;
- analisar quais são os processos que podem acontecer no âmbito do tratamento do lixo.

Exercício resolvido

Sabemos que o método CTSA se alinha a uma perspectiva voltada para a relação entre ciência, tecnologia, sociedade e ambiente. Nesse sentido, assinale a alternativa que indica o procedimento que o professor deve adotar para que o aluno se sinta integrado no ensino e aprendizagem no método CTSA.

a) Realizar atividades que indiquem o nível de conhecimento sobre o tema.
b) Aplicar métodos avaliativos sem interação direta com o aluno.
c) Não se preocupar com o envolvimento do aluno no processo de ensino aprendizagem.
d) Afastar a compreensão dos fatores sociais e sua relação com a situação social.

Gabarito: a

Feedback: O profissional da educação superior, montou a seguinte proposta de ensino:
- favorecer a discussão entre os alunos sobre quais os produtos que podem ser encontrados no lixo com frequência;

- identificar o nível de conhecimento dos alunos sobre os conceitos químicos que ocorrem no âmbito da transformação da matéria;
- compreender o processo de funcionamento da separação de misturas químicas e da densidade de polímeras;
- analisar quais são os processos que podem acontecer no âmbito do tratamento do lixo.

Ao sistematizar tais elementos, a proposta é levar o aluno a compreender que todo o material descartado no lixo foi resultado de uma aplicação química e, na medida em que os elementos são indicados por cada aluno, deve-se fazer a transcrição na lousa ou em qualquer outro instrumento disponível na instituição sobre os conceitos químicos e a descrição das equações químicas. Ademais, a proposta será favorecer um processo de reflexão acerca do impacto que o lixo causa no meio ambiente com base na relação que o lixo tem com as transformações químicas.

Portanto, o processo deve ser iniciado com a especificação de um local real, pois torna-se necessária a existência de um sistema que sirva de matriz para o processo de coletas das informações científicas necessárias.

Figura 6.13 – CTSA na prática e garrafa de PET

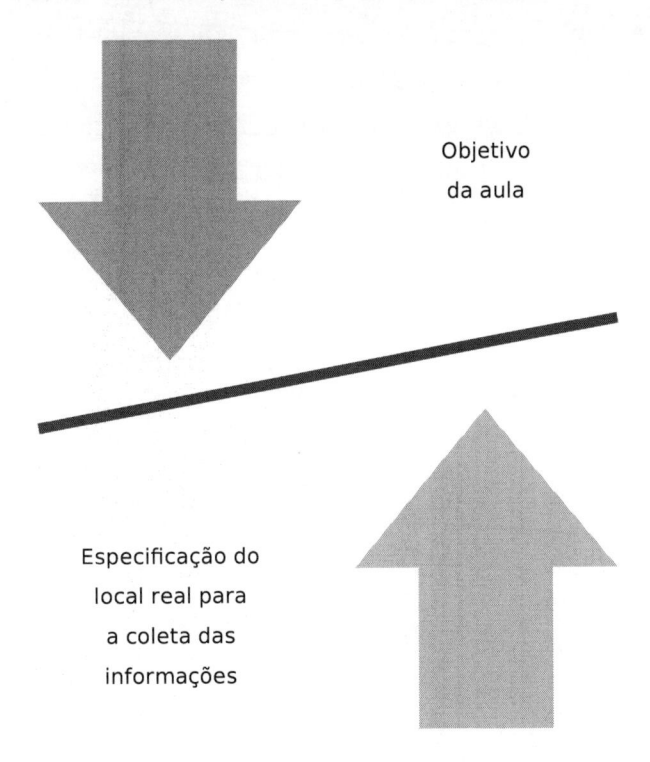

Objetivo da aula

Especificação do local real para a coleta das informações

Fonte: Elaborado com base em Nascimento et al., 2018.

Dessa maneira, ao definir o local de coleta de elementos que servirão como instrumento da pesquisa científica, deve-se determinar o objetivo do trabalho.

Sugerimos, nesse caso, enfocar o plástico, visto que esse material é utilizado em grande parte dos produtos que estão no mercado, situação que gera a identificação de vários tipos. Por isso, torna-se essencial que o processo seja ainda mais especificado e, portanto, indica-se a garrafa de PET.

Tendo identificado o componente a ser analisado, o professor pode solicitar, se for o caso, a coleta do elemento no local de pesquisa para, em seguida, iniciar sua análise. Nesse processo, torna-se interessante que, cada aluno, tenha sua própria garrafa de PET, para compreender todo o processo a ser realizado pelo profissional da educação.

Sendo assim, de posse da garrafa de PET, convém ao professor apresentar qual seria a composição do instrumento e quem foi o responsável por sua estruturação e, por isso, deve informar que PET é a abreviação para o polímero "Polietileno tereftalato", desenvolvido por Jonh Rex e James Dickson, químicos naturais do Reino Unido. Ademais, o professor deve destacar que o referido polímero é bastante utilizado na indústria têxtil e na produção das embalagens que são utilizadas por várias empresas.

Depois que as informações preliminares sobre o conhecimento adequado do produto forem apresentadas pelo professor, convém destacar a necessidade de apresentar o processo que deu origem à transformação do produto que culminou na formação da PET. Logo, é necessário que o professor apresente, de maneira prática através das equações químicas, o processo de polimerização.

Figura 6.14 – Polimerização da garrafa de PET

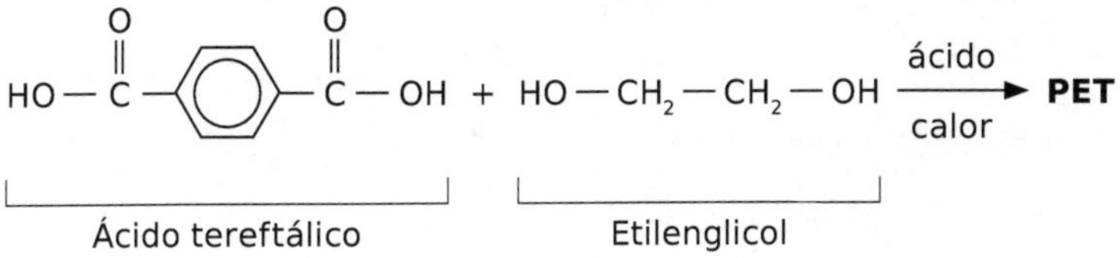

$$HO-\underset{Ácido\ tereftálico}{\underbrace{\overset{O}{\overset{\|}{C}}-\bigcirc-\overset{O}{\overset{\|}{C}}-OH}} + \underset{Etilenglicol}{\underbrace{HO-CH_2-CH_2-OH}} \xrightarrow[calor]{ácido} \textbf{PET}$$

Após a apresentação das informações do processo de composição da garrafa PET, o docente deve levar a turma a refletir sobre os impactos (benefícios e malefícios) do produto na sociedade e no meio ambiente. Sendo assim, o professor poderá mostrar, na prática, com fotos ou com uma visita a um supermercado, por exemplo, os produtos que são acondicionados nas garrafas de PET.

Após essa exposição, o professor deverá fornecer subsídios para a reflexão sobre os impactos na sociedade e no meio ambiente acerca do uso da garrafa de PET. Portanto, convém o educador apresentar, inicialmente, que o tempo de decomposição de uma garrafa de PET é de em média 400 anos e, em seguida, apresentar ou, se possível, visitar um aterro sanitário com o propósito de que o aluno visualize as consequências do uso das garrafas de PET na sociedade.

Exemplificando

No curso de Química da Universidade Estadual do Norte Fluminense Darcy Ribeiro (UENF), localizada na cidade de Campos dos Goytacazes, os alunos confeccionaram modelos moleculares entregues a algumas crianças de escolas públicas da cidade.

Em cada colégio foram deixados 8 conjuntos de modelos moleculares que continham: 10 módulos pretos (átomos de carbono); 2 módulos vermelhos (átomos de oxigênio); 1 módulo azul claro (átomo de nitrogênio). Logo, totalizaram-se 13 módulos por conjunto (Passoni et al., 2012).

A reflexão sobre as consequências que podem ser observadas no cotidiano da sociedade tem o potencial de influenciar a etapa seguinte e, mesmo que pareça algo distante do processo acadêmico, de fato, faz parte desse processo. O profissional, graças à percepção da responsabilidade social que se constrói com o estudo participativo, deve atuar de maneira a fazer diferença na sociedade mediante o uso da ciência e tecnologia.

Dessa maneira, o professor tem de motivar o aluno a identificar uma prática coerente, considerando o uso das garrafas de PET, para modificar o cenário de degradação ambiental. Nesse momento, o profissional poderá apresentar a reciclagem como parte desse processo.

Para saber mais

No sentido de compreender um pouco mais sobre a realidade que pode ser observada no meio ambiente a partir do uso da garrafa pet, indicamos a leitura do artigo indicado a seguir.

Nele, é possível compreender a importância da reciclagem das garrafas de PET como forma de minimizar os danos ao meio ambiente.

A IMPORTÂNCIA da reciclagem da garrafa PET. Disponível em: <https://lumasi.wordpress.com/2011/05/27/a-importancia-da-reciclagem-da-garrafa-pet/>. Acesso em: 17 dez. 2021.

Figura 6.15 – Compreensão do processo de reciclagem do lixo

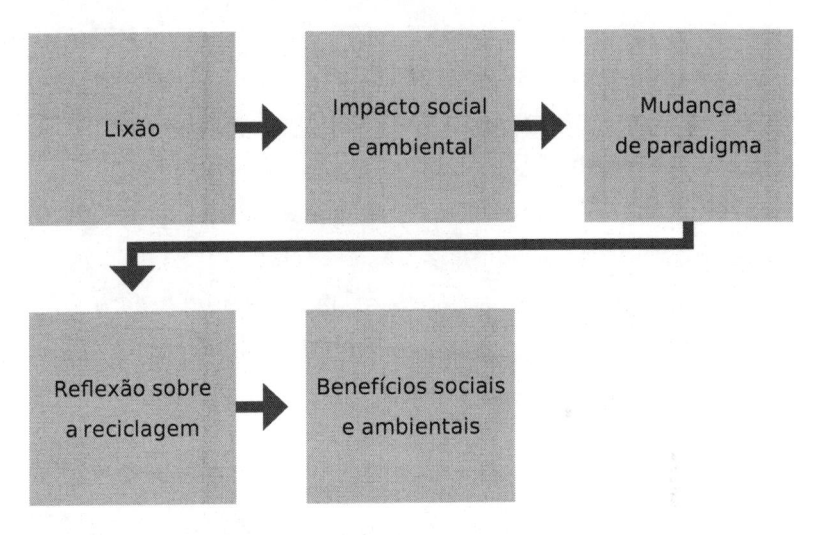

Lixão → Impacto social e ambiental → Mudança de paradigma → Reflexão sobre a reciclagem → Benefícios sociais e ambientais

Fonte: Elaborado com base em Bogdan; Biklen, 1994.

Perguntas & respostas

O que são polímeros?
O termo *polímero* significa "muitas partes", em que "mero" diz respeito às unidades menores que estão

repetidas em um polímero. A conexão entre as partes menores dos polímeros é realizada através de ligações covalentes.

A partir da compreensão do aluno sobre o uso responsável das garrafas de PET na sociedade e, consequentemente, sobre a necessidade de se aplicar medidas de reciclagem, o professor poderá motivar os alunos a realizar alguma transformação com aquela garrafa que foi coletada no início da atividade. Ficará sob a responsabilidade do aluno a utilização da maneira que achar necessário, demonstrando, porém, responsabilidade social.

Dessa maneira, observa-se que o ensino da química exige a compreensão ampla das ciências, da tecnologia e, por fim, dos fatos que ocorrem na sociedade, visto que não se deve fugir das necessidades da sociedade e, ainda dos aspectos práticos e éticos da ciência no mundo contemporâneo.

6.5 Planejamento de atividades

A metodologia CTSA no âmbito do ensino exige uma prática diferenciada do docente, pois este tem de estar aberto às novas estratégias de ensino, no sentido de envolver o aluno e inseri-lo no sistema democrático de ensino.

Assim, no que se refere ao processo avaliativo CTSA, os professores devem encará-lo como uma ferramenta, ou seja, uma ponte que pode auxiliá-los no processo de ensino e aprendizagem, buscando novos conhecimentos teórico-metodológicos para o desenvolvimento profissional e a transformação de suas práticas pedagógicas. Em vista disso, a formação continuada é de extrema importância para que os professores acompanhem tais mudanças (Silva et al., 2017). Isso significa que não é preciso abrir mão da prova, mas é preciso utilizar como instrumento complementar ao sistema apresentado pelo CTSA, visto que é uma metodologia que combina vários elementos que congregam para uma democratização do ensino.

Síntese

- A concepção do processo avaliativo apresenta um sistema limitado para o acompanhamento do aproveitamento das atividades desempenhadas no âmbito da academia.
- O sistema de avaliação deve acompanhar o aperfeiçoamento das atividades desenvolvidas no âmbito da pesquisa e, portanto, deve ser um processo inclusivo que vem a favorecer a inserção do cidadão nas questões sociais.
- O método CTSA favorece a inclusão do aluno nos aspectos sociais e, assim, gera o senso de responsabilidade participativa da sociedade.

- A ciência pode desenvolver papeis importantes no âmbito do contexto social.
- No contexto CTSA, os professores devem desenvolver atividades capazes de incentivar a compreensão do problema a partir da conexão com os elementos científicos e sociais.

Considerações finais

No Brasil e em outras democracias, a participação na política da ciência e da tecnologia vem sendo concretizada por meio de consultas públicas feitas na internet.

Iniciamos esta obra expondo as principais questões referentes a educação e a ciência. Buscando superar os desafios para a transmissão desse conhecimento, optamos por referenciar uma parcela significativa da literatura especializada e dos estudos científicos a respeito dos temas abordados. Além disso, apresentamos uma diversidade de indicações culturais para enriquecer o processo de construção de conhecimentos aqui almejado e procuramos oferecer aportes práticos com relação à educação científica.

No Capítulo 1, tratamos sobre a relação entre a ciência e a educação, e, em seguida, sobre o CTSA, seu contexto histórico, as ideias que esse movimento defende e as suas perspectivas.

O Capítulo 2 teve como elemento central as propostas de ensino. A estruturação utilizada e seu desenvolvimento passam pelos entendimentos das propostas utilizadas anteriormente, mas com vistas a uma nova realidade.

Os Capítulos 3, 4, 5 e 6 foram dedicados a fornecer elementos com relação a propostas de ensino, mais especificamente no que se refere a organização escolar, diferenciação de letramento e alfabetização em CTSA, e processos avaliativos. Ao longo desses capítulos, demonstramos a importância do movimento CTSA para o ensino.

Referências

ABREU, T. B.; FERNANDES, J. P.; MARTINS, I. Levantamento sobre a produção CTS no Brasil no período de 1980-2008 no campo de ensino de Ciências. **Alexandria: Revista de Educação em Ciência e Tecnologia**, v. 6, n. 2, p. 3-32, 2013. Disponível em: <https://periodicos.ufsc.br/index.php/alexandria/article/view/37953/28981>. Acesso em: 16 dez. 2021.

ACEVEDO, J. A. D. Reflexiones sobre las finalidades de la enseñanza de las ciencias: educación científica para la ciudadanía. **Revista Eureka sobre Enseñanza y Divulgación de las Ciencias**, v. 1, n. 1, p. 3-16, 2004. Disponível em: <https://revistas.uca.es/index.php/eureka/article/view/3968/3546>. Acesso em: 14 dez. 2021.

ADORNO, T. W.; HORKHEIMER, M. **Dialética do esclarecimento**. Tradução de Guido Antonio de Almeida. Rio de Janeiro: Zahar, 1985.

ALONSO, K. M. A expansão do Ensino Superior no Brasil e a EaD: dinâmicas e lugares. **Educação & Sociedade**, Campinas, SP, v. 31, n. 113, p. 1319-35, out./dez. 2010. Disponível em: <https://www.scielo.br/j/es/a/TgSHBsj9L6Rv38CGWcnq7Kn/?format=pdf&lang=pt>. Acesso em: 15 dez. 2021.

ANDRADE, M. A. S. et al. Agrotóxicos como questão sociocientífica na Educação CTSA. **Revista Eletrônica do Mestrado em Educação Ambiental**, n. 33, v. 1, p. 171-191, 2016. Disponível em: <https://periodicos.furg.br/remea/article/view/5378/3602>. Acesso em: 16 dez. 2021.

AQUINO, E. M. L. et al. Medidas de distanciamento social no controle da pandemia de COVID-19: potenciais impactos e desafios no Brasil. **Revista Ciência e Saúde Coletiva**. v. 25, supl. 1.1, p. 2423-2446, jun. 2020. Disponível em: <https://www.scielo.br/pdf/csc/v25s1/1413-8123-csc-25-s1-2423.pdf>. Acesso em: 16 dez. 2021.

ARANHA, M. L. A. **História da educação**. 2. ed. São Paulo: Moderna, 2005.

AULER, D.; BAZZO. W. A. Reflexões para a implementação do movimento CTS no contexto educacional brasileiro. **Ciências & Educação**, v. 7, n. 1, p. 1-13, 2001. Disponível em: <https://www.scielo.br/j/ciedu/a/wJMcpHfLgzh53wZrByRpmkd/?format=pdf&lang=pt>. Acesso em: 16 dez. 2021.

AULER, D.; DELIZOICOV, D. Alfabetização científico-tecnológica para quê? **Pesquisa em Educação em Ciências**, Belo Horizonte, v. 3, n. 2, p. 17-29, jun. 2001. Disponível em: <https://www.scielo.br/j/epec/a/XvnmrWLgL4qqN9SzHjNq7Db/?lang=pt&format=pdf#:~:text=A%20Alfabetiza%C3%A7%C3%A3o%20Cient%C3%ADfico%2DTecnol%C3%B3gica%20(ACT,espectro%20bastante%20amplo%20de%20significados>. Acesso em: 14 dez. 2021.

BARBOSA, J. Á. C. **As práticas de "cola" na Universidade e sua relação com os processos de ensino, aprendizagem e avaliação**. 458 f. Tese (Doutorado em Ciências da Educação, na Especialidade em Formação de Professores) – Universidade de Coimbra, Coimbra, Portugal, 2018. Disponível em: <https://eg.uc.pt/bitstream/10316/42756/4/As%20pr%C3%A1ticas%20de%20cola%20na%20universidade%20e%20sua%20rela%C3%A7%C3%A3o%20com%20os%20processos%20de%20ensino%20aprendizagem%20e%20avalia%C3%A7%C3%A3o-%20Joana%20%C3%81urea.pdf>. Acesso em: 17 dez. 2021.

BARDIN, L. **Análise de conteúdo**. 5. ed. Lisboa: Edições 70, 2006.

BARRETT, S. E.; PEDRETTI, E. Conflicting Orientations to Science-Technology-Society-Environment Education. **School Science and Mathematics**, v. 106, n. 5, p. 21-31, 2006.

BAUMAN, Z. **Modernidade Líquida**. Rio de Janeiro: Zahar, 2001.

BAZZO, W. A. **Ciência, tecnologia e sociedade**: e o contexto da educação tecnológica. Florianópolis: UFSC, 1998.

BELLO, R. de A. **Pequena história da educação do Brasil**. 4. ed. São Paulo: Liceu, 1965.

BERNARDO, J. R. R.; VIANNA, D. M.; SILVA, V. H. D. A construção de propostas de ensino em Ciência – Tecnologia – Sociedade (CTS) para abordagem de temas sociocientíficos. In: SANTOS, W. L. P.; AULER, D. (Org.). **CTS e educação científica**: desafios, tendências e resultados de pesquisa. Brasília: Universidade de Brasília, 2011. p. 373-394.

BORGES, C. de O. et al. Vantagens da utilização do ensino CTSA aplicado a atividades extraclasse. In:ENCONTRO NACIONAL DE ENSINO DE QUÍMICA – ENEQ, 15., Brasília, julho 2010. Disponível em: <http://www.sbq.org.br/eneq/xv/resumos/R0277-1.pdf>. Acesso em: 17 dez. 2021.

BOGDAN, R. C.; BIKLEN, S. K. **Investigação qualitativa em educação**. Tradução de Maria João Alvarez, Sara Bahia dos Santos e Telmo Mourinho Baptista. Porto: Porto Editora, 1994.

BRASIL. Lei n. 9.394, de 20 de dezembro de 1996. **Diário Oficial da União**, Poder Legislativo, Brasília, DF, 23 dez. 1996. Disponível em: <http://www.planalto.gov.br/ccivil_03/LEIS/l9394.htm>. Acesso em: 15 dez. 2021.

BRASIL. Lei n. 9.795, de 27 de abril de 1999. **Diário Oficial da União**, Poder Legislativo, Brasília, DF, 27 abr. 1999. Disponível em: <http://www.planalto.gov.br/ccivil_03/leis/l9795.htm#:~:text=Art.,Art.>. Acesso em: 16 dez. 2021.

BRASIL. Ministério da Educação, Secretaria de Educação Básica. **Base Nacional Comum Curricular**. Brasília: MEC, 1998. Disponível em: <http://basenacionalcomum.mec.gov.br/images/BNCC_EI_EF_110518_versaofinal_site.pdf>. Acesso em: 16 dez. 2021.

BRASIL. Ministério da Educação e do Desporto. Secretaria de Educação Fundamental. **Parâmetros curriculares nacionais**: apresentação dos temas transversais, ética. Brasília: MEC/SEF, 1997.

BRASIL. Ministério da Educação. Secretaria de Educação Média e Tecnológica. **Parâmetros Curriculares Nacionais – Ensino Médio**: Orientações Educacionais Complementares aos Parâmetros Curriculares Nacionais Ensino Médio: Ciências da Natureza, matemática e suas tecnologias. Brasília: MEC, 1999.

BRASIL. Ministério do Meio Ambiente. **Programa Nacional de Educação Ambiental – ProNEA**. Brasília, 2014.

BYBEE, R. W. Science education and the science-technology-society (STS) theme. **Science Education**, v. 71, n. 5, p. 667-683, 1987.

CARSON, R. **Primavera silenciosa**. São Paulo: Gaia: 2010.

CARVALHO, I. C. M. Educação ambiental crítica: nomes e endereçamentos da educação. In: LAYRARGUES, P. P. **Identidades da educação ambiental brasileira**. Brasília: MMA. Diretoria de Educação Ambiental, 2004. p. 13-24.

CARVALHO, L. R. de. **As reformas pombalinas da instrução pública**. São Paulo: Saraiva/Editora da Universidade de São Paulo, 1978.

CASTRO, R. S. et al. CTSA: uma abordagem para enfrentar a complexidade do mundo contemporâneo. In: ENCONTRO NACIONAL DE PESQUISA EM EDUCAÇÃO EM CIÊNCIAS., 6. **Anais...** Florianópolis. 2007.

CHASSOT, Á. Alfabetização científica: uma possibilidade para a inclusão social. **Revista Brasileira de Educação**, ANPED, n. 26, p. 89-100, 2003. Disponível em: <https://www.scielo.br/j/rbedu/a/gZX6NW4YCy6fCWFQdWJ3KJh/?lang=pt>. Acesso em: 14 dez. 2021.

CHAUÍ, M. **Convite à filosofia**. São Paulo: Ática, 2003.

CHRISPINO, A. Introdução aos enfoques CTS – Ciência, Tecnologia e Sociedade – na educação e no ensino. **Documentos de Trabalho de Iberciencia**, n. 4. Organização dos Estados Ibero-americanos, 2017.

DIZARD JÚNIOR, W. 1997. **A Nova Mídia**: a comunicação de massa na era da informação. Rio de Janeiro: Jorge Zahar, 1997.

DOURADO, I. de F. et al. Uso das TIC no ensino de ciências na educação básica: uma experiência didática. **Unopar Científica Ciências Humanas e da Educação**, Londrina, v. 15, n. esp. p. 357-365, dez. 2014. Disponível em: <https://1library.org/document/yrom9kpy-uso-tic-ensino-ciencias-educacao-basica-experiencia-didatica.html>. Acesso em: 16 dez. 2021.

ESTRELA, A.; NÓVOA, A. (Org.). **Avaliações em educação**: novas perspectivas. Portugal: Porto Editora, 1999.

FERNANDES, D. **Avaliação das aprendizagens**: uma agenda, muitos desafios. Lisboa: Ed. Texto, 2006. Disponível em: <https://core.ac.uk/download/pdf/12425253.pdf>. Acesso em: 16 dez. 2021.

FIGUEIRA, D. G. **História**: Questões do Enem e de vestibulares de todo o Brasil. 2. ed. São Paulo: Ática. 2005.

FIGUEIREDO, A. M. T. A. de; et al. Ensino de química: aulas expositivas Dialogadas com uso de experimentos. **International Journal Education and Teaching (PDVL)**, Recife, v. 1, n. 1, p. 1-19, jan./abr., 2018. Disponível em: <https://ijet-pdvl.com/index.php/pdvl/issue/view/2/Vers%C3%A3o%20Completa%20-%201%C2%AA%20Edi%C3%A7%C3%A3o%202018>. Acesso em: 16 dez. 2021.

FRANCISCO JR., W. E.; FERREIRA, L. H.; HARTWIG, D. R. Experimentação problematizadora: fundamentos teóricos e práticos para a aplicação em salas de aula de ciências. **Química Nova na Escola**, n. 30, nov. 2008. Disponível em: <http://qnesc.sbq.org.br/online/qnesc30/07-PEQ-4708.pdf>. Acesso em: 16 dez. 2021.

FREIRE, P. **Pedagogia do oprimido**. 62. ed. Rio de Janeiro: Paz e Terra, 2014.

FREITAS; L. M.; GHEDIN, E. Pesquisas sobre estado da arte em CTS: análise comparativa com a produção em periódicos nacionais. **Alexandria: Revista de Educação em Ciência e Tecnologia**, Florianópolis, v. 8, n. 3, p. 3-25, nov. 2015. Disponível em: <https://periodicos.ufsc.br/index.php/alexandria/article/view/1982-5153.2015v8n3p3/30537>. Acesso em: 16 dez. 2021.

HABERMAS, J. **Técnica e ciência como "ideologia"**. Tradução de Artur Morão. Lisboa: Edições 70, 2006. p. 10-149.

HALL, R. **Organizações**: estruturas e processos. 3. ed. Rio de Janeiro: Prentice Hall do Brasil, 1984.

HAYDT, R. C. C. **Curso de didática geral**. São Paulo: Ática 1994.

HODSON, D. Time for action: Science education for an alternative future. **International Journal of Science Education**, v. 25, n. 6, p. 645-670, 2003. Disponível em: <https://www.tandfonline.com/doi/abs/10.1080/09500690305021>. Acesso em: 14 dez. 2021.

INVERNIZZI, N.; FRAGA, L. Estado da arte na educação em ciência, tecnologia, sociedade e ambiente no Brasil. **Revista Ciência & Ensino**. Piracicaba, v. 1, n. esp., nov. 2007.

KERK, G. V.; MANUEL, A. R. A comprehensive index for a sustainable society: The SSI – the Sustainable Society Index. **Journal Ecological Economics**, v. 66, p. 1-29, 2008. Disponível em: <https://ssi.wi.th-koeln.de/documents/ssfindex/Manuscript_16_05_08.pdf>. Acesso em: 16 dez. 2021.

KRASILCHIK, M. Ensino de Ciências: um ponto de partida para a inclusão. In: WERTHEIN, J., CUNHA, C. (Org.) **Ensino de ciências e desenvolvimento**: o que pensam os cientistas. 2. ed. Brasília: Unesco, Instituto Sangari, 2009. p. 207-211.

KUHN, S. T. A **Estrutura das revoluções científicas**. 5. ed. São Paulo: Perspectiva. 1998.

LEMME, P. O Manifesto dos Pioneiros da Educação Nova e suas repercussões na realidade educacional brasileira. **Revista Brasileira de Estudos Pedagógicos**, Brasília, v. 86, n. 212, p. 163-178, jan./abr. 2005. Disponível em: <http://rbep.inep.gov.br/ojs3/index.php/rbep/article/view/2941/2676>. Acesso em: 14 dez. 2021.

LORENZETTI, L. **Estilos de pensamento em educação ambiental**: uma análise a partir das dissertações e teses. 407 f. Tese (Doutorado em Educação Científica e Tecnológica) – Universidade Federal de Santa Catarina, Florianópolis, 2008. Disponível em: <https://repositorio.ufsc.br/xmlui/bitstream/handle/123456789/91657/258456.pdf?sequence=1&isAllowed=y>. Acesso em: 16 dez. 2021.

LOUREIRO, C. F. B.; LAYRARGUES, P. P.; CASTRO, R. S. de (Org.). **Educação ambiental**: repensando o espaço da cidadania. 5. ed. São Paulo: Cortez, 2011.

MAESTRELLI, S. G.; LORENZETTI, L. As relações CTSA nos anos iniciais do Ensino Fundamental: analisando a produção acadêmica e os livros didáticos. **Amazônia: Revista de Educação em Ciências e Matemáticas**, Belém, v. 13, n. 26, p. 5-21, jun. 2017. Disponível em: <https://periodicos.ufpa.br/index.php/revistaamazonia/article/view/4308>. Acesso em: 16 dez. 2021.

MARCELO, C. **Formação de professores**: para uma mudança educativa. Tradução de Isabel Narciso. Portugal: Porto, 1999.

MAIA, N. L. A ciência é neutra? **Lousa nunca +**. Disponível em: <https://lousanuncamais.wordpress.com/2015/10/28/a-ciencia-e-neutra/>. Acesso em: 15 dez. 2021.

MASETTO, M. T. **Competência pedagógica do professor universitário**. São Paulo: Summus, 2003.

MINTO, L. W. Administração escolar no contexto da Nova República (1984...). **Revista HISTEDBR On-Line**, Campinas, n. esp., p. 140-165, ago. 2006.

MONTEIRO, R.; SÁNCHEZ, C.; RODRIGUES, C. A percepção socioambiental do público da exposição "energia nuclear" mediante as relações ciência, tecnologia, sociedade e ambiente: entre a emergência e a armadilha paradigmática. **Revista Eletrônica do Mestrado em Educação Ambiental**, v. 28, jan./jun. 2012. Disponível em: <https://periodicos.furg.br/remea/article/view/3108/1779>. Acesso em: 16 dez. 2021.

MORTIMER, E. F. Abordagem de aspectos sociocientíficos em aulas de ciências: possibilidades e limitações. **Investigações em ensino de ciências**, v. 14, n. 2, p. 191-218, 2009. Disponível em: <https://www.if.ufrgs.br/cref/ojs/index.php/ienci/article/view/355/222>. Acesso em: 14 dez. 2021.

NARDI, R. **A área de ensino de ciências no Brasil**: Fatores que determinaram sua constituição e suas características segundo pesquisadores brasileiros. 166 f. Tese (Livre docência) – Faculdade de Ciências, Universidade Estadual Paulista, Campus Bauru, 2005.

NASCIMENTO, J. et al. A avaliação da aprendizagem na abordagem CTSA: uma análise acerca dos livros didáticos para o ensino de química. **International Journal Education and Teaching (PDVL)**, v. 1, n. 1, p. 55-69, 2018. Disponível em: <https://doi.org/10.31692/2595-2498.v1i01.33>. Acesso em: 17 dez. 2021.

NISKIER, A. **Administração escolar**. Porto Alegre: Tabajara, 1969.

OLIVEIRA, D. E. de M. B.; LESZCZYNSK, S. A. C. O papel da Comissão Brasileiro-Americana de Educação Industrial na organização do ensino profissionalizante das escolas técnicas federais. In: SEMINÁRIO NACIONAL DE ESTUDOS E PESQUISAS, 7., Campinas, 30 de junho a 3 de julho de 2009. Disponível em: <https://histedbrantigo.fe.unicamp.br/acer_histedbr/seminario/seminario8/_files/RnnUsp4Z.pdf>. Acesso em: 14 dez. 2021.

PACIEVITCH, t. Evasão escolar. **InfoEscola**. Disponível em: <https://www.infoescola.com/educacao/evasao-escolar/>. Acesso em: 15 dez. 2021.

PARO, V. H. **Gestão democrática da escola pública**. 3. ed. São Paulo: Ática, 1997.

PASSONI, L. C. et al. Relatos de Experiências do Programa Institucional de Bolsa de Iniciação à Docência no Curso de Licenciatura em Química da Universidade Estadual do Norte Fluminense. **Química Nova na Escola**, v. 34, n. 4, p. 201-209, nov. 2012. Disponível em: <http://qnesc.sbq.org.br/online/qnesc34_4/06-PIBID-66-12.pdf>. Acesso em: 16 dez. 2021.

PEDRETTI, E.; HODSON, D. From Rhetoric to Action: Implementing STS Education through Action Research. **Journal of Research in Science Teaching**, v. 32, n. 5, p. 463-485, 1995.

PEETERS, F.; COOMAN, M. A. **Pequena história da educação**. 9. ed. São Paulo: Melhoramentos, 1969.

PINHEIRO, N. A. M.; SILVEIRA, R. M. C. F.; BAZZO, W. A. Ciência, Tecnologia e Sociedade: a relevância do enfoque CTS para o contexto do Ensino Médio. **Ciência & Educação**, v. 13, n. 1, p. 71-84, 2007. Disponível em: <https://www.scielo.br/j/ciedu/a/S97k6qQ6QxbyfyGZ5KysNqs/?format=pdf&lang=pt>. Acesso em: 15 dez. 2021.

PINTO, J.; SANTOS, L. **Modelos de avaliação das aprendizagens**. Lisboa: Universidade Aberta, 2006.

PROENÇA, M de S.; OSLAJ, E. U.; DAL-FARRA, R. A. As percepções de estudantes do ensino fundamental em relação às espécies exóticas e o efeito antrópico sobre o ambiente: uma análise com base nos pressupostos da CTSA - Ciência-Tecnologia-Sociedade-Ambiente. **Pesquisa em Educação Ambiental**, v. 9, n. 2, p. 51-66, 2014.

QUINATO, G. A. C. **Educação científica, CTSA e ensino de Física**: contribuições ao aperfeiçoamento de situações de aprendizagem sobre entropia e degradação de energia. 219 f. Dissertação (Mestrado em Educação para Ciência da Faculdade de Ciências) – Universidade Estadual Paulista, Bauru, 2013. Disponível em: <https://repositorio.unesp.br/bitstream/handle/11449/90963/quinato_gac_me_bauru.pdf?sequence=1&isAllowed=y>. Acesso em: 14 dez. 2021.

ROITMAN, I. Ciência para jovens: falar menos e fazer mais. In: WERTHEIN, J.; CUNHA, C. (Org.) **Ensino de ciências e desenvolvimento**: o que pensam os cientistas. 2. ed. Brasília: Unesco, Instituto Sangari, 2009. p. 133-141.

ROMANELLI, O. de O. **História da educação no Brasil**. (1930/1973). 25. ed. Petrópolis: Vozes, 2001.

SANGENIS, L. F. C. Franciscanos na educação brasileira. In: STEPHANOU, M.; BASTOS, M. H. C. **Histórias e memórias da educação no Brasil**. Petrópolis: Vozes, 2004. (v. I – séculos XVI-XVIII)

SANTOS, L. W.; ICHIKAWA, E. Y. CTS e a participação pública na ciência. In: SANTOS, L. W. et al. (Org.) **Ciência, tecnologia e sociedade**: o desafio da interação. Londrina: Iapar, 2004. p. 241-273.

SANTOS, I. C. G. M. M.; KATO, D. S. Limites e possibilidades do uso de situações problemas como recurso pedagógico: os temas controversos sócio científicos e as relações CTSA como perspectiva para o ensino de ciências. In: ENCONTRO NACIONAL DE PESQUISA EM EDUCAÇÃO EM CIÊNCIAS, 9., Águas de Lindoia. **Anais...** Águas de Lindoia, 2013. Disponível em: <http://abrapecnet.org.br/atas_enpec/ixenpec/atas/resumos/R0980-1.pdf>. Acesso em: 16 dez. 2021.

SANTOS, W. L. P. dos. Educação científica humanística em uma perspectiva freireana: resgatando a função do ensino de CTS. **Alexandria Revista de Educação em Ciência e Tecnologia**, Florianópolis, v. 1, n. 1, p. 109-131, mar. 2008. Disponível em: <https://periodicos.ufsc.br/index.php/alexandria/article/view/37426/28747>. Acesso em: 16 dez. 2021.

SANTOS, W. L. P. dos; MORTIMER, E. F. Uma análise de pressupostos teóricos da abordagem C-T-S no contexto da educação brasileira. **Ensaio: Pesquisa em Educação em Ciências**, v. 2, n. 2, p. 133-162, 2002. Disponível em: <https://www.scielo.br/j/epec/a/QtH9SrxpZwXMwbpfpp5jqRL/?format=pdf&lang=pt>. Acesso em: 16 dez. 2021.

SANTOS, W. L. P. dos et al. O enfoque CTS e a Educação Ambiental: possibilidade de "ambientalização" da sala da aula de Ciências. In: SANTOS, W. L. P. dos; MALDANER, O. A. **Ensino de Química em foco**. Ijuí: Editora Unijuí, 2011.

SASSERON, L. H.; CARVALHO, A. M. P. de. Alfabetização científica: uma revisão bibliográfica. **Investigações em ensino de ciências**. v. 16, p. 59-77. 2011. Disponível em: <https://www.if.ufrgs.br/cref/ojs/index.php/ienci/article/view/246/172>. Acesso em: 15 dez. 2021.

SAVIANI, D. et al. **O legado educacional do século XX no Brasil**. Campinas: Autores Associados, 2004

SCRUTON, R. **Como ser um conservador**. São Paulo: Record, 2014.

SETÚBAL, M. A. Educar para as habilidades do futuro. In: NOVA ESCOLA. **Pesquisas e políticas**: o que elas indicam para a educação do Brasil. São Paulo: Abril, 2013.

SILVA, C. D. da et. al. O movimento CTS e o ensino tecnológico: uma revisão bibliográfica. In: CONGRESSO BRASILEIRO DE ENGENHARIA MECÂNICA, 15., Águas de Lindoia, 22-26 nov. 1999.

SILVA, L. F.; CARVALHO, L. M. de. A temática ambiental e as diferentes compreensões dos professores de física em formação inicial. **Ciência & Educação**, Bauru, v. 18, n. 2, 2012. Disponível em: <https://www.scielo.br/j/ciedu/a/NjZXdLYqZJhcP3dLLxWzXcR/?format=pdf&lang=pt>. Acesso em: 16 dez. 2021.

SILVA, K. T. et al. Avaliação da utilização da abordagem CTSA para o conteúdo de polímeros em escolas estaduais na cidade de Anápolis/GO. **Pedagogia em Foco**, Iturama (MG), v. 12, n. 8, p. 134-149, jul./dez. 2017. Disponível em: <https://revista.facfama.edu.br/index.php/PedF/article/view/279/268>. Acesso em: 16 dez. 2021.

SOUZA, A. R. Explorando e construindo um conceito de gestão escolar democrática. **Educação em Revista**, Belo Horizonte, v. 25, n. 3, p.123-140, 2009. Disponível em: <https://www.scielo.br/j/edur/a/fF53XWVkxxbhpGkqvcfkvkH/?format=pdf&lang=pt>. Acesso em: 15 dez. 2021.

SOUZA, T. da S. **Avaliação em Ensino de Química**: um estudo de caso. 2017. 34 p. Trabalho de Conclusão de Curso (Curso de Licenciatura em Química) – Universidade Tecnológica Federal do Paraná, Londrina, 2017.

TEDESCO, J. C. Formação científica para todos. In: WERTHEIN, J.; CUNHA, C. (Org.) **Ensino de ciências e desenvolvimento**: o que pensam os cientistas. 2. ed. Brasília: Unesco, Instituto Sangari, 2009. p. 161-171.

UNESCO. **A Comissão Futuros da Educação da Unesco apela ao planejamento antecipado contra o aumento das desigualdades após a COVID-19**. Paris: Unesco, 16 abr. 2020. Disponível em: <https://pt.unesco.org/news/comissao–futuros–da–educacao–da–unesco–apela–ao–planejamento–antecipado–o–aumento–das>. Acesso em: 1º out. 2021.

VEIGA, I. P. A. (Org.). **Projeto político-pedagógico da escola**: uma construção possível. Campinas, SP: Papirus, 2004.

VILCHES, A.; GIL-PÉREZ, D.; PRAIA, J. De CTS a CTSA: educação por um futuro sustentável. In: SANTOS, W. L. P. dos. AULER, D. (Orgs.). **CTS e educação Científica**: desafios, tendências e resultados de pesquisa. Brasília: Editora UnB, 2011. p. 161-184.

WERTHEIN, J.; CUNHA, C. Educação científica, desenvolvimento e cidadania. In: WERTHEIN, J., CUNHA, C. (Org.) **Ensino de ciências e desenvolvimento**: o que pensam os cientistas. 2. ed. Brasília: Unesco, Instituto Sangari, 2009. p. 15-55.

Bibliografia comentada

BARBOSA, J. Á. C. **As práticas de "cola" na Universidade e sua relação com os processos de ensino, aprendizagem e avaliação.** 458 f. Tese (Doutorado em Ciências da Educação, na Especialidade em Formação de Professores) – Universidade de Coimbra, Coimbra, Portugal, 2018. Disponível em: <https://eg.uc.pt/bitstream/10316/42756/4/As%20pr%C3%A1ticas%20de%20cola%20na%20universidade%20e%20sua%20rela%C3%A7%C3%A3o%20com%20os%20processos%20de%20ensino%20aprendizagem%20e%20avalia%C3%A7%C3%A3o-%20Joana%20%C3%81urea.pdf>. Acesso em: 17 dez. 2021.

Essa tese apresenta uma completa compreensão sobre a importância da inovação no âmbito da avaliação do ensino superior, visto que favorece a reflexão da prática do docente atual. Sua leitura permite compreender o comportamento do aluno no processo avaliativo quando a prática docente é repressiva e punitiva. A autora apresenta, com clareza, técnicas que não devem ser utilizadas nesse processo, com o objetivo de favorecer o desenvolvimento acadêmico do aluno e a melhoria da prática docente.

BORGES, C. de O. et al. Vantagens da utilização do ensino CTSA aplicado a atividades extraclasse. In: ENCONTRO NACIONAL DE ENSINO DE QUÍMICA – ENEQ, 15., Brasília, julho 2010. Disponível em: <http://www.sbq.org.br/eneq/xv/resumos/R0277-1.pdf>. Acesso em: 17 dez. 2021.

Esse estudo apresenta o diferencial de uma prática docente de ensino voltada para atividades desenvolvidas fora do ambiente de sala de aula. Os autores explicam que a atividade docente pode ser realizada de maneira envolvente, conduzindo o aluno a compreender em práticas inclusivas como se realiza, adequadamente, o processo de ensino e aprendizagem. O leitor poderá compreender que seu comportamento na condição de futuro profissional é capaz de modificar a realidade da sociedade.

BRASIL. Lei n. 9.394, de 20 de dezembro de 1996. **Diário Oficial da União**, Poder Legislativo, Brasília, DF, 23 dez. 1996. Disponível em: <http://www.planalto.gov.br/ccivil_03/LEIS/l9394.htm>. Acesso em: 15 dez. 2021.

A LDB é uma norma brasileira cujo objetivo central é a regulamentação das atividades educacionais que são desenvolvidas no âmbito do sistema público e privado do Brasil. Essa lei serve como diretriz de funcionamento para as instituições de ensino e aponta questões, eminentemente amplas, mas essenciais neste processo educacional, como é o caso do processo avaliativo.

FIGUEIREDO, A. M. T. A. de; et al. Ensino de química: aulas expositivas Dialogadas com uso de experimentos. **International Journal Education and Teaching (PDVL)**, Recife, v. 1, n. 1, p. 1-19, jan./abr., 2018. Disponível em: <https://ijet-pdvl.com/index.php/pdvl/issue/view/2/Vers%C3%A3o%20Completa%20-%201%C2%AA%20Edi%C3%A7%C3%A3o%202018>. Acesso em: 16 dez. 2021.

O referido estudo destaca a importância de, no âmbito do ensino da química, o professor se utilizar de métodos experimentais que sejam capazes de criar uma consciência crítica sobre o processo de ensino. Ademais, o estudo demonstra que o experimento fomenta a responsabilidade social crítica dos alunos e, por isso, é um método necessário para o aperfeiçoamento do processo de ensino e aprendizagem na educação.

NASCIMENTO, J., et al. A avaliação da aprendizagem na abordagem CTSA: uma análise acerca dos livros didáticos para o ensino de química. **International Journal Education and Teaching (PDVL)**, v. 1, n. 1, p. 55-69, 2018. Disponível em: <https://doi.org/10.31692/2595-2498.v1i01.33>. Acesso em: 17 dez. 2021.

Esse estudo aponta a importância do livro como instrumento essencial no processo de ensino e aprendizagem, visto que favorece a construção do saber tanto por parte do professor quanto do aluno. Nesse artigo, ainda é possível compreender que o método CTSA pode ser utilizado em uma perspectiva apresentada nos livros.

Estudos de caso

Estudo de caso 1

Texto introdutório

O presente caso aborda a situação dos desafios que o profissional da educação enfrenta ao ter de abordar em sala de aula temáticas importantes no âmbito do ensino superior, visto que precisa encontrar o equilíbrio necessário para a realização de atividades acadêmicas que envolvam o aluno nesse processo. O desafio é propor uma prática avaliativa para um grupo de alunos de um curso de licenciatura em Química cujo objetivo é criar, por meio de garrafas de PET, instrumentos auxiliares de estudo para alunos de uma escola pública.

Texto do caso

Joana, 40 anos, professora do curso de Química de uma universidade em São Paulo, decidiu aplicar o método CTSA em sala de aula, pois percebeu em práticas de colegas que o processo se tornou mais eficiente no quesito avaliação.

A professora é titular da disciplina de Química Geral e, no plano de curso, constava o estudo pormenorizado da Tabela Periódica. Entretanto, observou que os alunos estavam bastante receosos em ter de decorar toda a tabela periódica e, ainda, o formato dos compostos químicos.

Pensando nisso, Joana decidiu que deveria encontrar uma maneira, assim como seus colegas, de unir algum problema social com a teoria da química geral. Sendo assim, descobriu que algumas escolas públicas do Estado de São Paulo não tinham recursos didáticos para auxiliar no ensino da química. Em seguida, apresentou aos alunos a possibilidade de desenvolver peças de garrafas de PET que representam compostos químicos para ser doados à escola pública. Diante disso, reflita sobre a possibilidade de utilização das garrafas de PET para a construção de instrumentos que se destinem ao ensino da química na escola pública.

Resolução

Conforme debatido no Capítulo 6, com a compreensão do aluno sobre o uso responsável da garrafa de PET na sociedade e, consequentemente, sobre a necessidade de se aplicar medidas de reciclagem, o professor poderá motivar os alunos a realizar alguma transformação com aquela garrafa que foi coletada no início da atividade. Ficará sob a responsabilidade do aluno a utilização da maneira que achar necessário, assumindo uma responsabilidade social.

Dessa maneira, observamos que o ensino da química exige a compreensão ampla das ciências, da tecnologia e eventos ocorridos na sociedade.

Portanto, a metodologia CTSA no âmbito do ensino exige uma prática diferenciada do docente, pois este deve estar aberto às novas estratégias de ensino, no sentido de envolver o aluno e inseri-lo no sistema democrático de ensino.

Dica 1

Muitas são as vantagens do ensino da química sob uma perspectiva experimental. Destacamos que o processo de ensino pode ser realizado de maneira a integrar o sujeito discente e os atos sociais. O artigo indicado a seguir mostra que é possível compreender a importância do estudo da ciência numa perspectiva diferenciada.

BORGES, C. de O.; et al. Vantagens da utilização do ensino CTSA aplicado a atividades extraclasse. In: ENCONTRO NACIONAL DE ENSINO DE QUÍMICA – ENEQ, 15., Brasília, julho 2010. Disponível em: <http://www.sbq.org.br/eneq/xv/resumos/R0277-1.pdf>. Acesso em: 17 dez. 2021.

Dica 2

A química é encontrada, corriqueiramente, em nosso cotidiano de maneira que, todas as atividades se encontram relacionadas com um fenômeno químico. Para entender melhor essa realidade, vale se dedicar à leitura do seguinte texto:

CARVALHO, P. **5 situações em que a química está presente no seu dia a dia e você não sabia.** Disponível em: <https://querobolsa.com.br/revista/5-situacoes-em-que-a-quimica-esta-presente-no-seu-dia-a-dia-e-voce-nao-sabia>. Acesso em: 17 dez. 2021.

Estudo de caso 2

Texto introdutório

O presente caso aborda a pedagogia Waldorf como alternativa viável no âmbito do ensino para a humanização do ensino por meio do contato com a natureza como instrumento essencial da educação.

Texto do caso

José é professor do ensino básico há 30 anos e tem identificado que seus alunos do curso de Química Geral apresentam dificuldades no processo de ensino e aprendizagem. Duas delas são a falta de interesse dos alunos e a deficiência no processo de compreensão no âmbito da exposição do conteúdo, visto que os alunos estão criando aversão ao ensino da química. Em vez de compreender o desenvolvimento do assunto para facilitar nos estudos, os alunos estão desenvolvendo técnicas de memorização para conseguir cumprir as diretrizes do conteúdo e, portanto, realizar a atividade avaliativa com o melhor aproveitamento possível.

Em conversa com os discentes, José pôde constatar que eles têm dificuldade em captar as informações a eles apresentadas em técnicas meramente expositivas.

Assim, José resolveu marcar um horário com o diretor pedagógico da instituição de ensinos; nessa conversa ficou sabendo da pedagogia Waldorf. Com isso, decidiu se aprofundar um pouco mais na técnica apresentada para encontrar uma maneira de aplicar a teoria da Química de maneira menos expositiva e mais envolvente, com o objetivo de tornar a aprendizagem mais fluída. Dessa maneira, como José pode aplicar essa técnica em sala de aula na disciplina de Química Geral?

Resolução

Na pedagogia Waldorf, priorizam-se ambientes ao ar livre para estimular o contato contínuo com as artes e as formas artísticas e também com a natureza e os animais, entendendo os ambientes naturais como um pilar da educação.

O método articula o conhecimento do ser humano com a missão social das escolas. Para melhor entendimento da pedagogia Waldorf, podemos considerar os seguintes fatores para as crianças:

- São compostos grupos de alunos com diferentes níveis de habilidade.
- As classes são ordenadas por idade, não de acordo com as habilidades.
- Também é possível, de forma adicional, formar grupos de acordo com os sujeitos, fazendo uma complexa avaliação das formas identidárias considerando a forma de ser ou de ver o mundo apresentada por cada aluno.

- Presença do tutor como acompanhante a longo prazo (de 3 a 6 anos no ensino pré-escolar, de 7 a 14 anos no Ensino Básico, de 14 a 18 anos no Ensino Secundário e Bacharelado).
- A aula principal acontece no período da manhã; depois são realizadas as aulas de assuntos ou especialidades.
- Realiza-se um estágio pré-escolar sem objetivos acadêmicos.
- Proporciona-se uma escola integrada, desde a infância até a idade adulta.
- O acompanhamento individual dos alunos dentro da comunidade da turma.
- Adoção da coeducação.

Para professores:

- Cada professor é totalmente responsável por tudo o que acontece na escola.
- A relação com as pessoas da comunidade escolar (interna e externa) é mantida através de reuniões pedagógicas regulares, promovendo a aprendizagem mútua.
- A escola é administrada por professores e pais.
- Pais e professores formam uma comunidade que assume a responsabilidade pela escola.
- Os professores buscam e encontram formas de desenvolver a qualidade educacional.

- Cada professor é responsável por sua prática de ensino com base no estudo antroposófico do ser humano, para manter os padrões profissionais, o relacionamento que ele tem com os alunos, suas habilidades sociais e profissionais, e os objetivos da pedagogia Waldorf.

Dessa maneira, o professor pode desenvolver atividades mais lúdicas, retirando os alunos de sala de aula e apresentado o mundo real a partir de uma perspectiva apresentada pela Química Geral. Nesse momento, os alunos poderão compreender, exatamente, como o processo químico se dá na prática.

Dica 1

Para que seja possível compreender um pouco mais sobre os princípios que envolvem a prática Waldorf, leia o artigo a seguir indicado:

SOCIEDADE ANTROPOSÓFICA. **Princípios da pedagogia Waldorf**. Disponível em: <http://www.sab.org.br/portal/pedagogiawaldorf/369-principios-pedagogia-waldorf>. Acesso em: 17 dez. 2021.

Dica 2

O artigo descrito a seguir pode auxiliar na compreensão de outras falas e situações envolvidas na amplitude que é a prática pedagógica de Waldorf.

MATOS, R. da S. A pedagogia Waldorf: reflexões acerca de práticas avaliativas. In: ENCONTRO BRASILERIO DE ESTUDANTES DE PÓS-GRADUAÇÃO EM EDUCAÇÃO MAEMÁTICA EBRAPEM, 20., Curitiba, nov. 2016. Disponível em: <http://www.ebrapem2016.ufpr.br/wp-content/uploads/2016/04/gd8_renata_matos.pdf>. Acesso em: 17 dez. 2021.

Sobre os autores

Luiz Guilherme Rezende Rodrigues
Licenciado em Física (2013) pela Universidade Federal de Juiz de Fora (UFJF), bacharel (2015), mestre (2015) e doutor (2019) em Física pela mesma instituição. Em licenciatura, tem experiência no ensino de Física em faculdades presenciais, semipresenciais, ensino a distância (EaD) e como professor conteudista na criação de material didático para cursos superiores à distância, concursos públicos, concursos militares, ENEM, PISM, ensino médio, artigos didáticos complementares extraclasse e videoaulas. Além da disciplina de Física, é capacitado para lecionar disciplinas de Estatística, Cálculo, Geometria Analítica e Álgebra Linear, Resistência dos Materiais, Fenômenos de Transporte, Eletricidade Biofísica, Estatística e outras.

Sílvia Cristina da Silva
Mestre Interdisciplinar em Educação, Ambiente e Sociedade pelo Centro Universitário das Faculdades Associadas de Ensino (Unifae). Tem participação docente e discente no mestrado em Análise do Discurso da Universidade Federal de Buenos Aires, é especialista em Docência do Ensino Superior e Direito e Educação pela Faculdade Campos Elíseos (FCE), é pós-graduanda em EaD pela mesma instituição e graduada em

Ciências Jurídicas e Sociais pelo Centro Universitário da Fundação de Ensino Octávio Bastos (Unifeob). É vice-diretora acadêmica na Agência Nacional de Estudos em Direito ao Desenvolvimento (Anedd); especialista em Investigação de Antecedentes em instituições públicas e privadas; docente e conteudista em diversas instituições educacionais para cursos de graduação e pós-graduação. Atua como elaboradora de questões para concursos públicos em várias organizadoras; degravadora, redatora, tradutora e intérprete da língua espanhola.

Impressão
Janeiro/2022